DIE REIHE
Bilder aus der DDR

SAALFELD

Claudia Streitberger

SUTTON
VERLAG

Sutton Verlag GmbH
Hochheimer Straße 59
99094 Erfurt
www.suttonverlag.de

Copyright © Sutton Verlag, 2002

ISBN 978-3-89702-454-0

Druck: Books on Demand GmbH, Norderstedt, Deutschland

Umzug zum 1. Mai in der Straße des Friedens, um 1960.

DIE REIHE
Bilder aus der DDR

SAALFELD

Blick vom Rathaus auf Johanneskirche und Liden. Aufnahme aus den 1970er Jahren.

Inhaltsverzeichnis

Danksagung   6

Abbildungsnachweis   7

Literaturverzeichnis   8

1. Der Neubeginn   9

2. Die Stadt verändert sich   21

3. Rund um den Saalfelder Markt   35

4. Die Menschen in der Stadt   49

5. Arbeitsalltag   65

6. Freizeit   85

7. Kirchliches Leben   99

8. Die Wende   115

Danksagung

Ohne die freundliche Unterstützung der Stadtverwaltung Saalfeld, deren Bildarchive mir zur Verfügung standen, wäre dieses Buch nicht zu Stande gekommen. Besonders wertvoll waren dabei die Pressefotos der Lokalredaktion der „Volkswacht" aus den Jahren 1952 bis 1990, die einen geschlossenen zeitlichen Überblick boten.

Klaus Moritz, Fotograf der Ostthüringer Zeitung, überließ mir Aufnahmen aus seinem Privatarchiv, sodass auch das Kapitel zur Wende entstehen konnte.

Viele Freunde und Bekannte öffneten mir bereitwillig ihre Fotoalben und haben mich besonders beim Zustandekommen des Kapitels zum kirchlichen Leben in Saalfeld unterstützt. Nicht alle Bilder konnten berücksichtigt werden; sie trugen aber zur Erweiterung des Fotoarchivs des Stadtmuseums bei. Stellvertretend für viele andere möchte ich an dieser Stelle besonders Frau Materne, Archivarin der katholischen Kirche, Herrn Ludwig Große, OKR i. R. und Herrn Jürgen Vogel, ehem. Sachgebietsleiter zur Vergangenheitsbewältigung, nennen.

Technische Unterstützung erhielt ich durch Frau Barbara Frank, Mitarbeiterin im Stadtmuseum Saalfeld. Fotografische Arbeiten übernahm mein Mann, Fotograf im Landesamt für Denkmalpflege in Erfurt.

Ihnen allen sei an dieser Stelle herzlich gedankt!

Abbildungsnachweis

Soweit die Bildautoren durch ihren Vermerk auf der Rückseite der Fotos bekannt sind, finden sie sich in dieser Auflistung.

Fotoarchive der Stadtverwaltung Saalfeld (Stadtarchiv, Stadtmuseum, Archiv Hochbauamt)
Albrecht, A., Florian-Geyer-Str. 85: 102
DEWAG Foto, Saalfeld, Käthe-Kollwitz-Straße 16a: 26 u., 42 o.
Engelhardt, Saalfeld: 41 o.
Foto Graf, Saalfeld: 103 o.
Foto A. Preibisch, Saalfeld, Webergasse 21: 44
Foto Richter, Saalfeld: 13 u.
Foto Strahl, Saalfeld: 19 o., 19 u., 20 o., 20 u., 38 u.
Gaul, H.-P., Fotomontage: 80 o.
Klein, Wilfried, Saalfeld: 21, 22 o., 22 u., 23 o., 23 u., 23 o.l., 23 o.r., 23 u., 25 o., 25 u., 27 u., 28 o.l., 28 o.r., 29 o., 29 u., 30 o., 30 u., 31 o., 31 u., 32 o., 32 u., 33 o., 33 u., 34 o.l., 34 o.r., 34 u., 35, 40 u., 43, 46 u., 47, 50 o.l., 50 u., 53 u., 54 o., 55 u., 57 u., 58 o., 58 u., 59 o., 59 u., 60 u., 61 u., 63 o., 63 u., 65, 69 o., 69 u., 70 o., 70 u., 71 o., 71 u., 74 o., 74 u., 75 o., 75 u., 76 u., 77 o., 77 u., 78 o., 78 u., 79 o., 79 u., 80 u., 81 o., 81 u., 82 o., 82 u., 83 o., 83 u., 84 o., 84 u., 85, 86 u., 87 o., 87 u., 88 o., 88 u., 89 o., 89 u., 90, 91 o., 91 u., 92, 93 o., 93 u.,94 o., 94 u., 95 o., 96 o., 96 u., 97 o., 97 u., 98 o., 98 u.
Moritz, Klaus, Saalfeld: 46 o., 76 o., 115, 116 o., 116 u., 117 o., 117 u., 118 o., 118 u., 119 o., 120 o., 120 u., 121 o., 121 u., 122 o., 122 u., 123 o., 123 u., 124 o., 124 u., 125 o., 125 u., 126 o., 126 u., 127 o., 127 u., 128 o., 128 u.
Presse-Bild-Verlag: 42 u., 45, 51 u., 55 o., 66 u., 68 o.r., 68 u.l., 68 u.r., 72 u.
Pressefoto Kluba, Saalfeld, Hindenburgstr. 45: 13 o.r.,14 u., 27 o., 28 u., 39 o., 52 o., 68 o.l.
Presse Foto Kluba & Bambey, Saalfeld, Karl-Liebknecht-Str. 2: 26 o., 36 o., 36 u., 37 o., 37 u., 38 o., 39 u., 40 o., 41 u., 49, 52 u., 53 o., 56 o., 61 o., 67 o., 72 o., 86 o.
Roschlau, Carl, Saalfeld: 14 o.
Scheidig, Siegfried: 119 u.
Streitberger, Irmgard, Saalfeld: 62 o., 73 u., 108 u.
Streitberger, Werner, Saalfeld: 64

Archiv katholische Kirche: 100 o., 100 u., 101 o., 101 u., 106
Archiv Kantorat: 108 o.
Archiv Gemeindeschwestern: 111

Aus ihren Privatarchiven stellten Fotos zur Verfügung:
Brendel, Gabriele: 99
Große, Ludwig: 104 o., 104 u., 105 u., 110 o., 110 u.
Marquardt, Marion: 103 u., 109 o.
Moka, Frank: 109 u., 114 o., 114 u.
Moka, Hans-Jörg: 105 o.
Vogel, Jürgen: 112 o.
Vogel, Ralf: 112 u., 113 o., 113 u.
Scheidig, Gerhard: 102, 103 o.

Literaturverzeichnis

Das Volk. Landesorgan Thüringen der SED, Ausgabe Saalfeld. Erschienen vom 6. April 1950 bis 14. August 1952.

EPPELMANN, MÖLLER / NOOKE, WILMS: *Lexikon des DDR-Sozialismus*, Bd.1 u. 2, Paderborn 1997.

HERBST / RANKE / WINKLER: So funktionierte die DDR, Lexikon der Funktionäre, Organisationen und Institutionen, Band 1-3, Hamburg 1994.

Saalefische, Beiblatt zur „Neuen Saale-Zeitung", neue Folge, Jg. 1-4, 1993-1996.

Saale-Spiegel. Wochenzeitung für die Stadt und den Kreis Saalfeld: Jg. 1990-1992.

Saalfelder Weihnachtsbüchlein. Jg. 88-94, Saalfeld 1991-1997.

Thüringer Volk. Organ der SED, Bezirk Thüringen, Ausgabe Saalfeld. Erschienen von April 1946 bis 5. April 1950.

Volkswacht. Organ der Bezirksleitung Gera der SED, Ausgabe Saalfeld. Erschienen von August 1952 bis 16. Januar 1990.

WERNER, GERHARD: Geschichte der Stadt Saalfeld, Band I- IV. Saalfeld 1995-1998.

Wir in Thüringen. Jahrbuch des Landkreises Saalfeld-Rudolstadt. Jg. 1992 ff.

1

Der Neubeginn

Mit der Besetzung Saalfelds durch die US-Armee am 13. April 1945 endete der Zweite Weltkrieg für die Stadt. Die ersten Nachkriegsjahre waren gekennzeichnet durch Hunger und Not, aber auch durch den beginnenden Wiederaufbau. Der Saalfelder Bahnhof, ein wichtiger Verkehrsknotenpunkt, und das umliegende Industriegebiet lagen nach dem verheerenden Bombenangriff vom 9. April 1945 in Schutt und Asche. Ausbrechende Brände konnten nicht unter Kontrolle gehalten werden. Einzelne Straßenzüge und viele Gebäude waren zerstört, sämtliche Saalebrücken von der Wehrmacht gesprengt. Nur langsam normalisierte sich das Alltagsleben. Mitte Mai begann man mit der Beseitigung der Bombenschäden in den Saalfelder Industriebetrieben, auf dem Bahnhof und in den betroffenen Wohnvierteln der Stadt. Die amerikanische wurde durch die sowjetische Besatzung am 2. Juli 1945 abgelöst. KPD und SPD vereinigten sich auch auf örtlicher Basis zwangsweise zur SED, die künftig das gesamte gesellschaftliche Leben bestimmen sollte. Viele Saalfelder mittelständische Betriebe wurden entschädigungslos enteignet und in Volkseigentum überführt.

Die Saalstraße gehörte zu den am schwersten getroffenen Wohngebieten in der Stadt. Das Gebäude der Fleischerei und das Restaurant „Gerlicher" in der Saalstraße / Ecke Saumarkt waren nur noch Ruinen. Die Aufräumarbeiten haben hier bereits begonnen, Trümmerfrauen schichten noch verwendbare Ziegel auf.

Die Saalebrücke wurde auf Anweisung der Wehrmacht und mit Unterstützung von Bürgermeister Mannherz am 13. April 1945 gesprengt. Die zerstörte Brücke, dahinter das durch
Bomben zerstörte Hotel „Prinz Ernst" am Hügel.

Durch den Luftangriff am 9. April 1945, Artilleriebeschuss und die daraus entstandenen
Brände wurde das Bahnhofsgelände vollkommen verwüstet.

An die Bevölkerung Saalfelds!

Morgen Mittwoch, den 4. Juli 1945, zwischen 8 und 10 Uhr, wird von uns Saalfeldern die Rote Armee erwartet. Wir wollen den anderen thür. Städten nicht nachstehen und ihr einen ebenso würdigen Empfang bereiten. Es ist ganz selbstverständlich, daß an diesem Tag kein Haus unbeflaggt bleibt. Außerdem findet sich die Bevölkerung um die angegebene Zeit zum Empfang auf dem Marktplatz ein.

Der Bürgermeister

Bitte weitergeben!

Koch

Die Stadt Saalfeld wurde am 2. Juli 1945 offiziell von der Roten Armee übernommen. Am 4. Juli erfolgte der Einmarsch der sowjetischen Truppen. Saalfeld gehörte nunmehr zur sowjetischen Besatzungszone.

Waschmaschinenfabrik Max Schaede in der Kulmstraße und Gebäude in der Pößnecker Straße – ein einziger Trümmerhaufen.

Durch ein Großfeuer wurde am 16. Mai 1945 die Kartonagenfabrik Schlutius zerstört.

Zerbombte Wohn- und Geschäftshäuser in der Oberen Straße, die noch Adolf-Hitler-Straße hieß.

Aufräumungsarbeiten in der unteren Saalstraße und am Hügel, um 1946/47. Zu diesem Zweck wurden Schienen verlegt, um mit Loren den Schutt besser abfahren zu können.

Das Bild des Wiederaufbaus ist immer eng mit den Trümmerfrauen verknüpft. Dabei war die Tätigkeit der „Hilfsarbeiterinnen im Baugewerbe" oftmals reine Zwangsarbeit.

Dieses Bild entstand Ende Juni 1946, kurz bevor die Straße wieder dem Verkehr übergeben wurde. Bauschutt und Trümmer wurden beseitigt, Hotel „Tanne" und Feinkosthaus Heinecke sind in Stand gesetzt.

Der Bombenangriff vom 9. April 1945 forderte insgesamt 205 Menschenleben. Im Luftschutzkeller am Saaltor starben allein 38 Menschen. Das Weinhaus „Rabe" wurde ebenfalls vollständig zerstört.

Im November 1946 fanden die Einweihung der neu erbauten Saalebrücke und das erste Volksfest nach dem Zweiten Weltkrieg statt.

Zum ersten Volksfest nach dem Krieg erhielten die Rentner ein markenfreies Eintopfessen. Ihre Gesichter waren gezeichnet von Hunger und Not. An die Kinder wurden 3.500 Wurstsemmeln verteilt.

Die im Frühjahr 1946 im Schlossgarten angelegten Gemüsebeete dienten zur Versorgung der im Schloss untergebrachten Umsiedlerfamilien.

Bereis 1939, mit Kriegsbeginn, wurden Lebensmittelkarten zur Rationierung von Brot, Fleisch, Fett, Milch, Marmelade, Zucker und Nährmitteln eingeführt. Im Bild sind Lebensmittelkarten von 1958 zu sehen. Kurz danach wurden sie abgeschafft. Es gab nun einheitliche Preise für alle Lebensmittel, die auch deutlich niedriger als die bisherigen HO-Preise waren.

Die Eröffnung des ersten Geschäftes der staatlichen Handelsorganisation (HO) in der Oberen Straße am 14. Januar 1949 bedeutete für die Zukunft eine systematische Zurückdrängung des Privathandels. Der erste so genannte Freie Laden bot Gebrauchsgüter und Lebensmittel ohne Bezugsschein bzw. Lebensmittelkarten an und diente zusätzlich der Bekämpfung des „schwarzen Marktes".

Mit der Inbetriebnahme des Hochofens II in der Maximilianshütte Unterwellenborn wurde die Produktion von Gießereieisen schon in der sowjetischen Besatzungszone wieder aufgenommen. Die Hauptwerkstatt des Betriebes.

Die Mauxion-Schokoladenfabrik ging 1946 in Treuhandschaft über. Die endgültige, zwangsweise Enteignung erfolgte 1948. Das Produktionssortiment der Fabrik umfasste nach dem Krieg zunächst getrocknete Kartoffelscheiben, Suppenpulver u.a. Nährmittel. Erst im Oktober 1949 begann man wieder mit der Herstellung von Schokolade.

Als erster Saaleübergang im Stadtgebiet wurde die wieder aufgebaute „Mauxion-Brücke" zur Schokoladenfabrik dem Verkehr übergeben.

KPD und SPD wurden am 10. April 1946 in Saalfeld zur SED zwangsvereinigt. Die Geschäftsstelle der Kreis- und Ortsleitung der SED befand sich ab Mai 1946 in den Räumen des Hotels „Zapfe" in der Sonneberger Straße.

Im ehemaligen Mauxion-Gebäude „Sport-Hirsch" im Tiefen Weg wurde 1946 das „Haus der Jugend" eröffnet. Dort befanden sich gleichzeitig die Geschäftsräume der Kreis- und Stadt-leitung der FDJ.

Zu den ersten Volkswahlen nach einer Einheitsliste wurde in der gesamten Stadt mit Wahlplakaten der SED geworben. Es wurde zum „öffentlichen-demonstrativen Einwerfen des unveränderten Stimmzettels in die Wahlurne" aufgerufen.

Die ersten Gemeinderatswahlen nach der NS-Diktatur fanden in Saalfeld am 8. September 1946 statt. Bei der Sitzverteilung erhielten die SED 16, die CDU neun und die LDP 15 Sitze. Es wurden sieben Ausschüsse – Verwaltungs- und Finanz-, Kassenprüfungs-, Bau-, Krankenhaus-, Regie-, Sozial- und Bildungsausschuss – gebildet. Auf dem Foto sind einige der Stadträte zu sehen.

2

Die Stadt verändert sich

Auch in der Saalfelder Innenstadt fiel oft der Putz von den Wänden und der Wohnkomfort war nur unzulänglich. Während das Alte an vielen Stellen zerfiel und unwiederbringlich verschwand, wurde in Gorndorf allerhand gebaut. Eine neue Siedlung für rund 10.000 Einwohner entstand in der typischen Plattenbauweise. Kleinere Neubaugebiete wurden im Westen der Stadt südlich der Sonneberger Straße und am Rainweg angelegt. Monotonie und graue Langeweile waren vorprogrammiert. Und trotzdem wussten die Menschen den Komfort in den neuen Wohnungen zu schätzen. Wohnungen waren bis zum Ende der DDR billig und knapp. Das 1953 bis 1961 nach Entwürfen von Hans Hopp erbaute Agricola-Krankenhaus am Rainweg stellte eines der wenigen gelungenen Beispiele sozialistischer Bautätigkeit in Saalfeld dar.

Im 1963 eingemeindeten Stadtteil Gorndorf begannen bereits 1962 Erschließungsarbeiten für ein neues Wohngebiet. Bis Mitte der 1980er-Jahre wurden vier- und fünfgeschossige Wohnblocks in Plattenbauweise für mehrere 1.000 Einwohner errichtet.

1977 wurde der Neubau der Polytechnischen Oberschule VI, heute das Erasmus-Reinhold-Gymnasium, eingeweiht. Die Schule hatte zu diesem Zeitpunkt 24 Unterrichtsräume, zwei Werk- und vier Horträume sowie 14 Fachkabinette. 41 Pädagogen unterrichteten insgesamt 340 Schüler.

Die erste Kinderkrippe in Gorndorf wurde 1965 in der ehemaligen Stauffenbergstraße eröffnet. Damals gab es noch kein Babyjahr. Das erklärt auch die vielen Kinderwagen vor dem Haus. Schon mit acht Wochen wurden die Kleinen in die Einrichtung gebracht.

Wohnbezirksfeste in Gorndorf fanden meist auf dem Platz vor der unteren Kaufhalle statt. Die Feste waren beliebt, zumal ansonsten nicht gerade ein Überangebot an kulturellen Veranstaltungen in diesem Wohngebiet herrschte.

1976 wurde im Neubaugebiet Gorndorf ein Appartementhaus mit 250 Wohnungen für ältere Bürger fertig gestellt. Die Rentner wurden hier rundum betreut, hatten aber ihre eigenen vier Wände.

Zu DDR-Zeiten waren Wohnungen knapp und billig. Es galt, die „Wohnungsfrage als soziales Problem" zu lösen. Dabei ging es eher um Quantität als um Qualität. Das sieht man auch am Neubauviertel Gorndorf. Trotz allem waren die Wohnungen mit fließend warmem Wasser, Heizung und Balkon begehrt.

Nach und nach wurde auch Gorndorf wohnlicher. Es entstanden Grünflächen, Spielplätze und Gaststätten. Wohngemeinschaften führten gemeinsam Arbeitseinsätze durch und anschließend traf man sich zum Bier und beim Grillen.

Ein weiteres kleines Neubaugebiet, fünf Häuserblocks mit zusammen 160 Wohnungen, entstand Anfang der 1960er-Jahre in der Reinhardtstraße. 1971-73 wurde dann die Straße ausgebaut und (hier im Bild) den Anwohnern übergeben.

Weitere Neubauten entstanden 1980/81 im Stadtgebiet in der Pestalozzistraße.

Am 19. November 1953 erfolgte der erste Spatenstich für den Krankenhausneubau in Saalfeld. 1954 beteiligen sich FDJler mit einem Arbeitseinsatz am Bau des Gebäudes.

Richtfest am Krankenhaus. Das fünfgeschossige Hauptgebäude des Krankenhauses mit Mitteltrakt und zwei Seitenflügeln wurde Ende 1955 fertig gestellt. Im Gesundheitswesen bedeutete die offizielle Einweihung 1961 eine erhebliche Verbesserung der medizinischen Versorgung der Bevölkerung weit über die Stadtgrenzen hinaus.

Nachdem die Mittelmühle 1960 abgebrannt war, wurden die Überreste weggerissen. Gleichzeitig legte man die so genannte Mittellache zwischen Mittelwehr an der Saalebrücke und der Niedermühle trocken und schüttete sie anschließend zu.

Mitte der 1970er-Jahre wurde die erste in der Saalfelder Altstadt durchgeführte, komplexe bauliche Rekonstruktion von Wohn- und Geschäftsgebäuden an der Ostseite der Oberen Straße und der Südseite des Marktes begonnen. Der Direktor des VEB Kreisbau Gölitzer, Bürgermeister Pohl und Stadtbaudirektor Gläßer begutachten die marode Bausubstanz.

1974 wurde mit der umfangreichen Sanierung der Straße des Friedens (heute Friedens-straße) begonnen. Mehrere Gebäude mussten zur Begradigung der Straße abgebrochen werden. Parallel zum Straßenbau wurde das Blankenburger Tor renoviert und u.a. mit einer neuen Schieferdeckung versehen.

Verfallene Altbausubstanz konnte zu DDR-Zeiten oft nur noch weggerissen werden. An deren Stelle entstanden dann Neubauten. Im Bild festgehalten ist der Abriss älterer Wohnhäuser in der Fleischgasse / Ecke Schulplatz.

Im Dezember 1972 wurde der neu rekonstruierte, älteste Kindergarten I Am Blankenburger Tor wieder eröffnet. Der Einzug erfolgte voller Freude.

Durch die Rekonstruktion der Bahnhofstraße, dem Neubau der Lachenbrücke und der Erweiterung der Bahnhofskreuzung konnten in den 1960er-Jahren deutliche verkehrtechnische Verbesserungen in der Stadt erzielt werden.

Ein spätmittelalterliches Wohn- und Geschäfthaus am Markt / Ecke Brudergasse wurde in den 1970er-Jahren abgerissen. An dessen Stelle errichtete man das „Haus des Buches". Größe und fehlende Fassadengestaltung riefen immer wieder Kritik hervor.

Richtfest der Polytechnischen Oberschule V in der Reinhardtstraße, 1977. Die Schule verfügte zur Einweihung über 640 Schulplätze. 1980 wurden Turnhalle und Schulsportanlage übergeben.

Der individuelle Wohnungsbau im Stadtgebiet setzte Anfang der Siebzigerjahre ein. Die Eigenheimsiedlung „Wachserzweg" unterschied sich durch eine eigenwillige Schalendachkonstruktion vom so genannten Eigenheimtyp „Luckenwalde".

Die ersten Wohnhäuser der Siedlung waren 1976 bezugsfertig. Die 17 Einfamilienhäuser, deren Bau durch eine Interessengemeinschaft Saalfelder Betriebe unterstützt wurde, sollte vorwiegend kinderreichen Arbeiterfamilien zur Verfügung stehen.

Durch den Abbruch des Gasthofes „Gambrinus" 1967 wurde die Lochgaststätte schwer beschädigt. Rekonstruktion und Wiederaufbau erfolgten in veränderter und erweiterter Form. Gleichzeitig wurde das Lichtspieltheater Capitol mit einem Kinosaal für 420 Plätze errichtet. Aufnahme von 1968.

Die Restaurierung des Fassadenfreskos der HO-Gaststätte „Das Loch" übernahm der Malermeister Paul Goebel aus Saalfeld.

1970 wurde die Gasleitung in der Köditzgasse erneuert.

Der alte Busbahnhof Auf dem Graben, 1977. Schon 1964 wurde die erste Stadtverkehrslinie vom Krankenhaus nach Gorndorf eröffnet, nachdem der Bau der Umgehungsstraße zwischen dem Blankenburger Tor und dem Darrtor fertig gestellt war.

Im Sommer 1949 wurde als erstes städtisches Bauvorhaben nach dem Krieg das neu errichtete Schwimmbad unterhalb des Hauses „Bergfried" eingeweiht. Der Zehn-Meter-Sprungturm steht heute unter Denkmalschutz. Die Aufnahmern stammen aus den 1980er Jahren

Im Oktober 1979 wurde die neu erbaute Schwimmhalle der Öffentlichkeit übergeben. Sie verfügt über ein 25 x 12,5 Meter großes Schwimmbecken mit fünf Bahnen, außerdem ein für den Schulsport geeignetes Lehrschwimmbecken und eine Sauna.

3

Rund um den Saalfelder Markt

Kampfdemonstrationen, Paraden, machtvolle Bekenntnisse, Manifestationen, Kundgebungen Urkunden, Orden, Losungen und Ehrenbanner – daran hat es vom Anfang bis zum Ende der DDR wahrlich nicht gefehlt. Einiges davon war auch auf dem Saalfelder Marktplatz zu beobachten. Ewiges Hochhalten von Fahnen, Herumtragen von Losungen oder Schwenken von Winkelementen – an manches hatte man sich gewöhnt, vieles war eher lästig. Der 1. Mai mit anschließendem Vergnügen im Schlosspark war noch erträglich. Weitaus beliebter waren die Marktfeste, kulturellen und sportlichen Veranstaltungen. Das teilweise doch recht dürftige und eintönige Warenangebot in den Geschäften wurde mit Wochen- und Krammärkten erweitert. Axel Brümmer und Peter Glöckner starteten vom Saalfelder Marktplatz zu ihrer Weltreise mit dem Fahrrad. 1989/90 wurde die Wende mit Demonstrationen und offenen Dialogen hier eingeleitet.

1. Mai 1959: Die Tribüne mit den lokalen „Politgrößen" befand sich zu diesem Zeitpunkt noch neben dem Rathaus, auf der Südseite des Marktplatzes.

Demonstration zum 1. Mai 1952. Damals glaubten die Menschen noch an ein gemeinsames Deutschland.

Im Januar 1956 wurde die Nationale Volksarmee gegründet. Sie ging aus der Kasernierten Volkspolizei hervor. Von da an feierte man alljährlich am 1. März den Tag der Nationalen Volksarmee. Waffenschau vor dem Rathaus, 1958.

In einer Wahlkundgebung am 15. November 1958 sprach Professor Albert Norden, Mitglied des Politbüros des Zentralkomitees der SED und Kandidat der Volkskammer, vor 8.000 Saalfelder Bürgern. Werktätige mit „Wahlverpflichtungen" sind zu sehen.

GST-Leistungsfahrt am 22. Januar 1956 beim Start auf dem Markt . In die Gesellschaft für Sport und Technik traten viele Jungen und Mädchen nicht in erster Linie ein, um ihren Wehrwillen zu demonstrieren, sondern um hier schnell und preiswert den Führerschein zu erwerben.

Bürger Saalfelds beim „öffentlich-demonstrativen Einwerfen des ungeänderten Stimmzettels in die Wahlurne" im Rathaus am 23. Juni 1957.

Wahlpropaganda auf dem Marktplatz in den Fünfzigerjahren.

Eine standesamtliche Trauung im Rathaus. Zu DDR-Zeiten heiratete man im Allgemeinen früher als heute und bekam eher Kinder. Das war auch Voraussetzung für die Zuteilung einer eigenen Wohnung bzw. für die Inanspruchnahme anderer sozialpolitischer Maßnahmen von Partei und Regierung, wie Ehekredit, Mütterjahr, Kindergeld usw.

Der so genannte Freundschaftswagen der Gesellschaft für Deutsch-Sowjetische-Freunschaft bei einer Dia-Freilicht-Veranstaltung auf dem Markt. Die Gesellschaft wollte der Bevölkerung die russische Sprache, Geschichte und Kultur der Sowjetunion nahe bringen. Persönliche Kontakte zu sowjetischen Bürgern oder gar Soldaten waren nur sehr eingeschränkt möglich bzw. gar nicht erwünscht.

Die rohstoffarme DDR war auf Sparsamkeit angewiesen. Mit viel Propagandaaufwand versuchte man, aus der Not eine Tugend zu machen. Mit der Aktion „Rumpelmännchen" wandte sich die Partei vor allem an Kinder. Sie sollten Altpapier, Glas und Metall sammeln und gegen ein geringes Entgelt bei den Altstoffhändlern abliefern. Aufnahme von 1954.

Der Deutsche Fernsehfunk der DDR veranstaltete 1966 in Saalfeld ein Städtevergleichsspiel zwischen Saalfeld und Ilmenau. Saalfeld wurde Sieger und erhielt als Preis eine finanzielle Unterstützung für die Einrichtung eines Kindergartens sowie eine Sonnenuhr für den Schlossgarten.

In Saalfeld fand im September 1949 der erste Volkskunsttag des Kulturbereiches Neustadt / Orla in Saalfeld statt. Er wurde von der Deutschen Volksbühne veranstaltet. 51 Volkskunstchöre, zwölf Instrumentalgruppen, sieben Laienspiel- und zwei Volkstanzgruppen aus den Kreisen Gera, Rudolstadt, Schleiz und Saalfeld mit rund 1.800 Mitwirkenden gastierten auf dem Marktplatz und im „Meininger Hof".

Buchbasar mit den Schriftstellern Ludwig Turek, Alex Wedding und Werner Barth (v.r.n.l.) auf dem Saalfelder Markt zur Woche des Buches am 3. Mai 1960. Die Menschen drängten sich um den Tisch, um eines der begehrten Bücher zu ergattern.

Konsum-Werbung auf dem Markt in den Fünfzigerjahren. Durch bevorzugte Warenbeliefe-
rung des staatlichen und genossenschaftlichen Handels wurde der Privathandel in den Fünf-
ziger- und Sechzigerjahren auf ein Minimum zurückgedrängt.

Der erste Ostermarkt nach dem Krieg in Saalfeld. Die beliebten Lachs- und Fischbrötchen
fehlten ebenso wenig wie die Bockwürste.

Grüner Markt vor der Johanneskirche. Hier konnten die Menschen auch Waren direkt von Erzeugern aus den umliegenden Dörfern kaufen.

Bratwurststand vor dem Hotel „Anker". Nach dem Krieg kostete eine markenfreie Bratwurst acht Mark, später dann 80 Pfennige.

Auf dem so genannten Krammarkt veranstaltete die HO Industriewaren einen Topfmarkt. Es wurden Töpfe, Emailleeimer, Schüsseln, Pfannen usw. angeboten.

Ein uns allen noch sehr bekannter Anblick – lange Schlangen vorm Gemüsestand auf dem Marktplatz. Im Hintergrund der Neubau des „Hauses des Buches" (Bibliothek und Volksbuchhandlung).

Ab 1963 befand sich im ehemaligen Hotel „Zum Roten Hirsch" der Kreisvorstand des Freien Deutschen Gewerkschaftsbundes (FDGB). Von da an erhielt das Gebäude die offizielle Bezeichnung Gewerkschaftshaus.

1973 war Saalfeld Etappenort der 21. Internationalen DDR-Rundfahrt. Etappensieger wurde Siegfried Kramer von der Nationalmannschaft der DDR. 24. August 1973: Start auf dem Marktplatz zur sechsten Etappe nach Altenburg.

Zum Saalfelder Marktfest 1968 traten auch die Thüringer Sängerknaben unter Leitung von Kantor Walter Schönheit auf.

Am 29. Juni 1990 starteten Axel Brümmer aus Saalfeld und Peter Glöckner aus Zinna zu einer Radtour um den Erdball. Sie wurden auf dem Markt von Gerhard Meyer verabschiedet.

4

Menschen in der Stadt

Mit der kostenlosen Betreuung der Kinder setzte die ideologische Einflussnahme des Staates schon zeitig ein, zum anderen war das Recht auf einen Kinderkrippen- und Kindergartenplatz Ausdruck eines unverwechselbaren Systems sozialer Leistungen. In Saalfeld gab es zehn Kindergärten, sieben Kinderkrippen und drei kombinierte Kindereinrichtungen. Das sozialistische Bildungswesen strebte die „Herausbildung allseitig entwickelter sozialistischer Persönlichkeiten" an. Staatsbürgerkunde, Russisch- und Wehrkundeunterricht wurden eingeführt, Pionier- und FDJ-Organisationen etablierten sich an den Schulen. Die Schulkinder trugen noch stolz ihr blaues Halstuch. Mit der blauen Bluse dagegen ging man später nicht mehr so locker um. Das Leben der Jugendlichen gestaltete sich so, wie anderswo auch, mit Partnerschaft, Diskotheken, Rockmusik, Sport und Motorrädern. Später stand dann der Betrieb im Mittelpunkt. Er war nicht nur Arbeitsstätte, sondern auch soziale und kulturelle Institution – für viele ein zweites Zuhause. In der Freizeit zog man sich in seine privaten Nischen zurück. Ob das nun der Schrebergarten, die Datsche, der Campingurlaub oder das Zusammensein mit Gleichgesinnten waren: Der Möglichkeiten gab es viele.

Nach 1945 wurde der Internationale Kindertag, alljährlich am 1. Juni, begangen. Nach einem Umzug durch die Stadt, dem offiziellen Teil, wurde in den Kindergärten gefeiert und in den Schulen oft ein Sportfest durchgeführt, 1955.

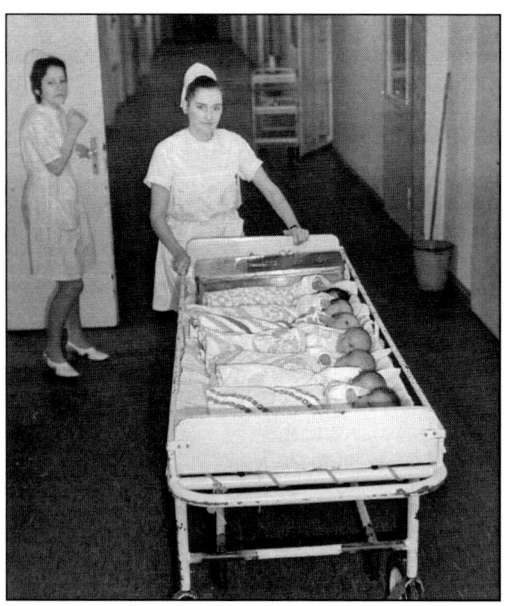

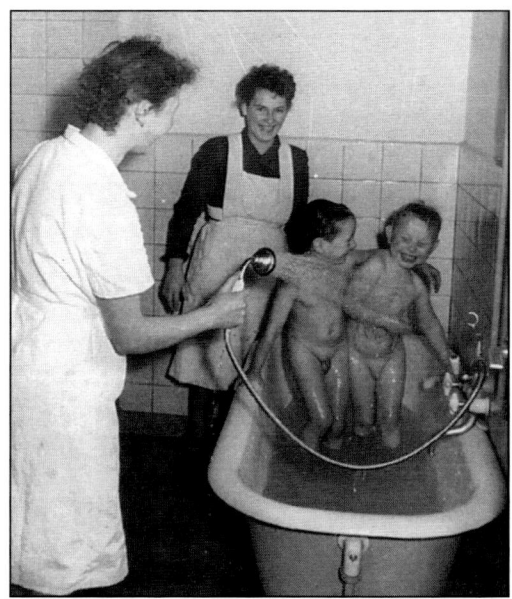

In der DDR war die Geburtenrate sehr hoch. Mit sozialpolitischen Maßnahmen wurden insbesondere kinderreiche Familien, aber auch allein erziehende Mütter unterstützt. Das Bild zeigt die Wochenstation im Agricola-Krankenhaus.

Die Kleinsten im 1961 eröffneten Kindergarten in der Külzstraße. Die Einrichtung war für 45 Kinder vorgesehen.

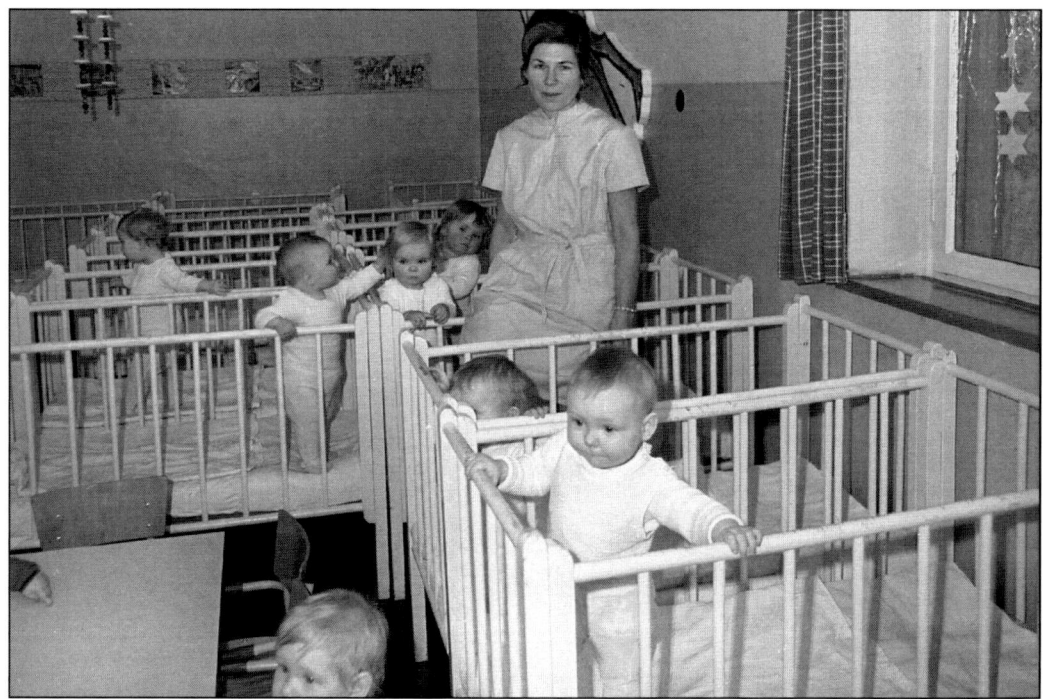

Die Innenaufnahme der ersten, 1952 gegründeten Saalfelder Kinderkrippe I in der Kleiststraße entstand aus Anlass der Verleihung der Hufelandmedaille im Dezember 1974.

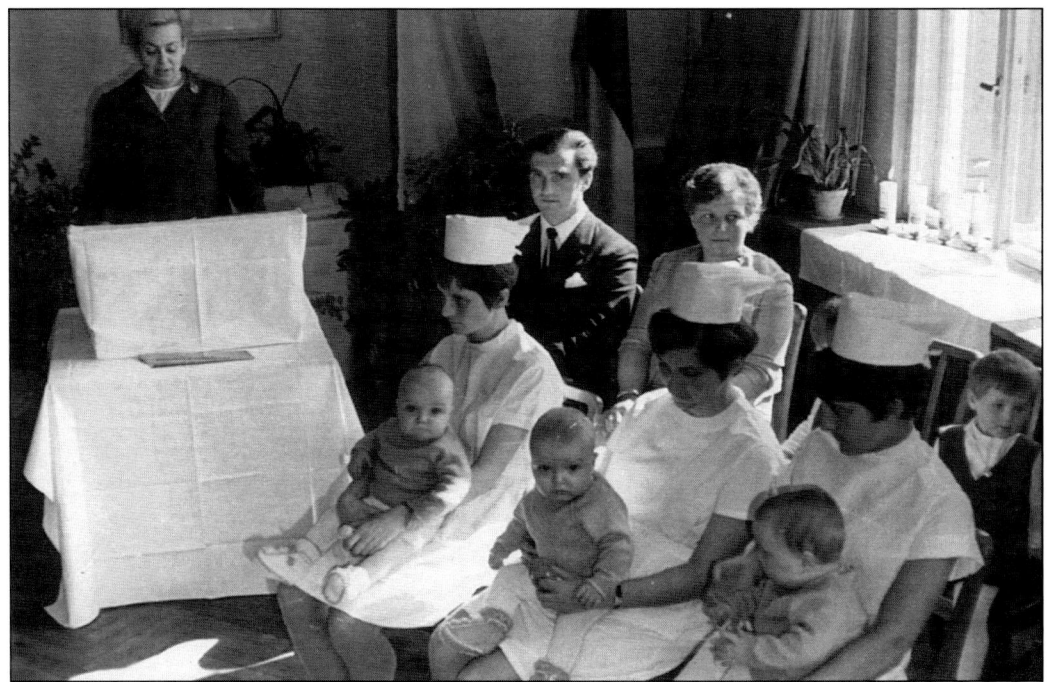

Die sozialistische Namensgebung wurde in Saalfeld zum ersten Mal im April 1958 im Rathaus durchgeführt. Auf dem Foto handelt es sich um ein ganz besonderes Ereignis – Drillinge erhalten die sozialistische Namensweihe.

Schon die Kinderbetreuung in Krippen und Kindergärten verband Frohsinn, Spielfreude und Gemeinschaftssinn mit ideologischer Einflussnahme. Hier besuchten sowjetische Offiziere die Kleinen im 1950 gegründeten Kindergarten II Am Hohen Ufer 3.

Im städtischen Feierabendheim an der Gertrudiskirche wurden die alten Menschen nach einem heute sehr dürftig anmutenden Standard betreut. Die niedrigen Renten zu DDR-Zeiten gehörten zu den Tabubereichen, über die man nicht sprach. Der Speise-und Tagesraum ist in den 1960er-Jahren zu sehen.

Die Gewerkschaften bildeten sich schon bald nach dem Krieg neu, wurden im FDGB gleich geschaltet und setzten sich u.a. für die Sozialfürsorge der Rentner ein. 1954 wurde eine Weihnachtsfeier für die Rentner ausgerichtet.

Das Bild trägt die Unterschrift „Zusammenkunft der Hausgemeinschaft in der Gutenberg-
straße 6 am 18.6.1957. Thema: Wahl am 23.6.1957". Ein sowjetischer Offizier ist zu Gast, der
sicherlich die politische Richtung vorgab. Ob man nur diskutierte, ist fraglich. Das Tonband-
gerät auf dem Tisch deutet eher auf ein gemütliches Beisammensein hin!

Natürlich trafen sich Hausgemeinschaften, wie hier in der Langen Gasse, auch ohne besonderen Grund – einfach nur zum Feiern. Aufnahme von 1980.

Ab September 1978 übernahm die HO-Gaststätte „Sokolov" die Schulspeisung für drei Gorndorfer Schulen mit einer täglichen Ausgabe von rund 1.500 Portionen. Die Senioren im benachbarten Appartementhaus wurden mit 80 Portionen versorgt.

Zu den vielen sozialen Leistungen gehörte auch die staatlich gestützte Trinkmilchausgabe an allen Schulen. Kinder der Oberschule VII in Gorndorf 1977.

Von der ersten bis zur vierten Klasse besuchten die meisten Kinder den Schulhort. Hier wurden Hausaufgaben erledigt und die Freizeit verbracht. Der Kinderhort III in Altsaalfeld ist zu sehen.

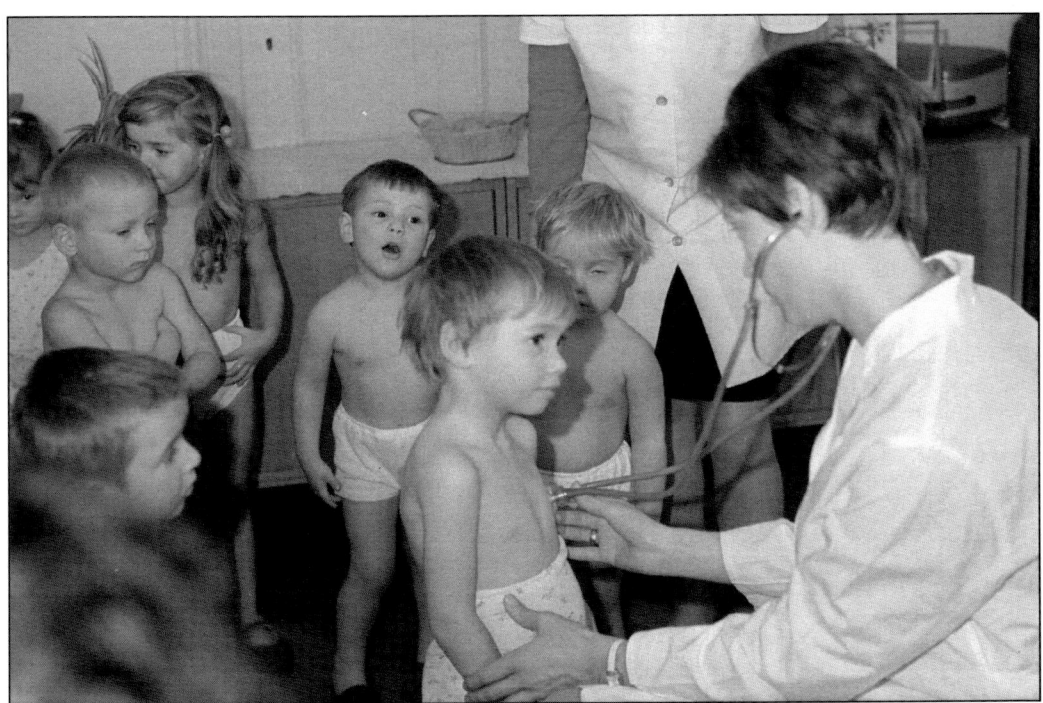

Regelmäßige Reihenuntersuchungen sorgten für eine umfassende medizinische Betreuung aller Kinder. Das Impfen war Pflicht. Auf dem Foto: Frau Dr. Disep, 1969.

Zum Internationalen Kindertag 1957 auf dem Saalfelder Marktplatz.

Das Haus der Jungen Pioniere wurde 1955 in der Villa des ehemaligen Fabrikanten Irmischer eingerichtet, sogar mit eigener Bibliothek. Zirkel und Arbeitsgemeinschaften wurden von den Kindern am Nachmittag besucht.

Pioniere nahmen an der Demonstration zum 20. Jahrestag der DDR 1969 teil. Die Etablierung der Pionier- und FDJ-Organisation an den Schulen im Jahr 1948 waren der Auftakt für die zunehmende und umfassende ideologische Einflussnahme der SED auf das Schulwesen.

Der erste Schultag war schon immer etwas ganz Besonders für die Kinder und ihre Eltern. Die Schultüte versüßte den Beginn des neuen Lebensabschnittes, auch wenn die Schokolade häufig durch die Süßtafel ersetzt werden musste. Oberschule VII, 1982.

Das Heimatkundekabinett der Oberschule V. Aufnahme vom Dezember 1980.

Die später Erweiterte Oberschule in der Sonneberger Straße verfügte über gut ausgestattete Fachkabinette. Die Zulassung eines Schülers zur EOS war häufig abhängig von dessen politischer Einstellung und der Zugehörigkeit seiner Eltern zur Arbeiter- und Bauernklasse. Aufnahme vom April 1971.

Das Sammeln von Altpapier, Glas und Metall gehörte zum Schulalltag der Kinder. Der Erlös der Sammelaktionen wurde dann oft gespendet. Besonders fleißige Pioniere erhielten eine Auszeichnung. Altstoffsammlung im Jahre 1983.

Jede Schulklasse hatte eine Patenbrigade. Das waren Arbeitskollektive aus den Volkseigenen Betrieben, Institutionen und Verwaltungen. Man besuchte und beschenkte sich gegenseitig, die Kinder sollten von den Arbeitern lernen. Das Foto zeigt Schüler mit ihrer Patenbrigade „Philipp Müller", dem ersten Jugendkollektiv der Maxhütte, um 1958/59.

FDJler des Singeklubs der Maxhütte traten zur feierlichen Einweihung des neuen Blasstahlwerks 1974 auf. Die FDJ versuchte, durch eine eigene „Singebewegung" und organisierte Wettbewerbe die jugendliche „Subkultur" unter Kontrolle zu bringen.

Jugendweihe im Festsaal des Heimatmuseums, 1959. Eine Reihe politisch ausgerichteter „Jugendstunden" bereitete die Vierzehn- und Fünfzehnjährigen auf die Festveranstaltung im Frühjahr vor. Deren Höhepunkt bildeten ein im Chor gesprochenes Gelöbnis und die Übergabe der Jugendweiheurkunden und des Buches „Weltall-Erde-Mensch" (später dann „Vom Sinn unseres Lebens").

Nach dem Zeremoniell im Festsaal das Heimatmuseums ging die Jugendweihe meist in eine große Familienfeier mit zahlreichen Gästen und ansehnlichen Geschenken über. Jugendliche der Oberschule VIII vor dem Museum, 1979.

Stolz lässt sich 1960 eine Saalfelder Familie vor ihrem gerade erst erstandenen Fernsehgerät fotografieren. Welche Fernsehuhr flimmert wohl auf ihrem Bildschirm – die mit den Punkten oder die mit den Strichen? An der Antwort auf diese Frage, so heißt es, soll der pflichtbewusste Lehrer erkannt haben, ob die Eltern seiner ABC-Schützen „Westen kucken" oder nicht.

Viele Familien konnten sich in den Fünfziger- und Sechzigerjahren noch keine Fernseher leisten. Darum war der Fernsehraum im Klubhaus der Jugend immer heiß begehrt.

Auch in der Stadt- und Kreisbibliothek hielten die neuen Medien Einzug. Die Phonothek umfasste zur Eröffnung 1979 etwa 2.500 Schallplatten.

1948 wurde der Russischunterricht an den Schulen eingeführt. Ab 1964 gehörten Staatsbürgerkundeunterricht und ab 1978 das Fach Wehrkunde zum neuen Bildungswesen in der DDR. Das Russischkabinett an der Erweiterten Oberschule, 1972.

Veit Exner und Frank Vogel nach 1990 am Start zu einer historischen Radausfahrt.

5

Arbeitsalltag

Ansatzpunkt für den wirtschaftlichen Aufbau nach 1945 waren die traditionell angesiedelten Branchen Maschinenbau, optische Industrie, polygraphische Industrie und Lebensmittelindustrie. Von besonderer Bedeutung war der Ausbau der Maxhütte in Unterwellenborn zu einem metallurgischen Zentrum der DDR. Die Tendenz der Verlagerung der Produktion in zentral geführte Kombinate der „sozialistischen Großproduktion" ging auch an Saalfeld nicht vorüber. Zu den größten Industriebetrieben zählten nach 1970 Carl Zeiss Jena, Werkzeugmaschinenfabrik WEMA, Schokoladenwerk Rotstern, Verpackungsmittelwerk Ernst Thälmann und Bekleidungswerk Herdas. Konsum und HO verdrängten fast vollständig den privaten Einzelhandel. Im Handwerk wurden immer mehr Betriebe zu Produktionsgenossenschaften und später dann zu Volkseigenen Betrieben zusammengeschlossen.

Die VEB Herren- und Damenbekleidung Herdas war die einzige größere Firmenneugründung in Saalfeld während der DDR-Zeit. Die Aufnahme wurde aus Anlass der MMM (Messe der Meister von Morgen) 1983 gemacht und zeigt eine Frauenbrigade, die zur „Straße der Besten" gehörte.

Schon 1946 wurde die Produktion in der Maximilianshütte Unterwellenborn, zum damaligen Zeitpunkt einziges Stahlwerk in Mitteldeutschland, wieder aufgenommen. Der Betrieb ging am 1. Juli 1948 in Volkseigentum über.

Der VEB Nähmaschinenfabrik Saalfeld (später VEB Nähmaschinenwerk Textima), wurde am 31. Dezember 1968 geschlossen und aufgelöst. Damit ging eine über 100-jährige Tradition in Saalfeld zu Ende. Das Foto zeigt Fachverkäuferinnen bei der Ausbildung an Nähmaschinen aus der Saalfelder Produktion.

Die Waschmaschinenfabrik Max Schaede wurde während des Krieges zu 95 Prozent zerstört. Nur langsam kam die Produktion wieder in Gang. Die ersten fertig gestellten Holzbottichwaschmaschinen verließen im März 1949 die Firma. Infolge der Kombinatsbildung in der Industrie wurde Ende 1969 auch hier die Produktion eingestellt. Aufnahme von 1954.

Die Kartonagenfabrik Emil Schlutius wurde nach Kriegsende durch einen Großbrand total zerstört. In mühevoller Kleinarbeit konnte sie nach und nach wieder in Stand gesetzt werden und ging 1948 in Volkseigentum über. Schon bald spezialisierte sich der Betrieb auf die Herstellung von Etiketten und Faltschachteln. Aufnahme von 1954.

Arbeiter an der Taktstraße des 1959 gegründeten Werkes VEB Werzeugmaschinenfabrik WEMA, die aus dem Zusammenschluss der ehemaligen Firmen Auerbach & Scheibe und August Reißmann sowie der Firma Franz Irmischer hervorging. Foto vom 1. Mai 1960.

Metalldrückermeister Alfred Knauer bei der Herstellung eines Einwecktopfes. Die Aufnahme entstand in den 1950er-Jahren.

Eine Arbeiterin des Verpackungsmittelwerkes Ernst Thälmann stellt aus Abfällen und Ausschusspapier Pikiertöpfe und Fruchtkörbchen her.

Stolz präsentiert ein Arbeiter die 20.000. Holzbottichwaschmaschine. Die Fabrik bestand bis 1968!

Das Produktionssortiment des VEB Carl Zeiss Jena, Betrieb Saalfeld, umfasste in erster Linie optische und medizinisch-technische Geräte. Ab 1959 wurden hauptsächlich elektronische Erzeugnisse hergestellt. Prismenherstellung, 1973.

Die Werkzeugmaschinenfabrik WEMA gehörte mit 1.633 Beschäftigten zu einem der größten Industriebetriebe in Saalfeld. Hergestellt wurden automatisierte Sonderwerkzeugmaschinen für das Gebiet der Bohr-, Fräs- und Sägebearbeitung. Die Männer arbeiten hier an der Zahnrad- und Wellenstraße.

Nach häufiger Umbenennung erhielt das ehemalige Schokoladenwerk Mauxion 1966 die Bezeichnung VEB Thüringer Schokoladenwerke. Vielen ist sicher noch das typische DDR-Produkt „Vitalade" – ein Schokoladenersatzprodukt – bekannt. Auf dem Foto von 1983 arbeiten Frauen am Fließband.

Die Brigade Clara Zetkin des Verpackungsmittelwerkes Ernst Thälmann bei einer Versammlung 1968. Im Hintergrund sind moderne Maschinen für den Offsetdruck zu sehen.

Das alte Werk des Hebezeug-
baus befand sich ursprüng-
lich in der Pößnecker Straße
und wurde 1969 stillgelegt.
Auf dem neuen Betriebs-
gelände in der Straße der
Freiheit entstanden eine
Stahlbauhalle und weitere
Werk- und Montagehallen.
Aufnahme von 1983.

Die Konsum-Großbäckerei „7. Oktober" diente seit 1961 zur Großraumversorgung für die
Kreise Saalfeld, Rudolstadt und Pößneck. Die tägliche Produktion betrug etwa 7.000 Brote,
40.000 Semmeln und zwei Tonnen Konditorwaren. Weihnachtsgebäck wird für den Versand
fertig gemacht, 1972.

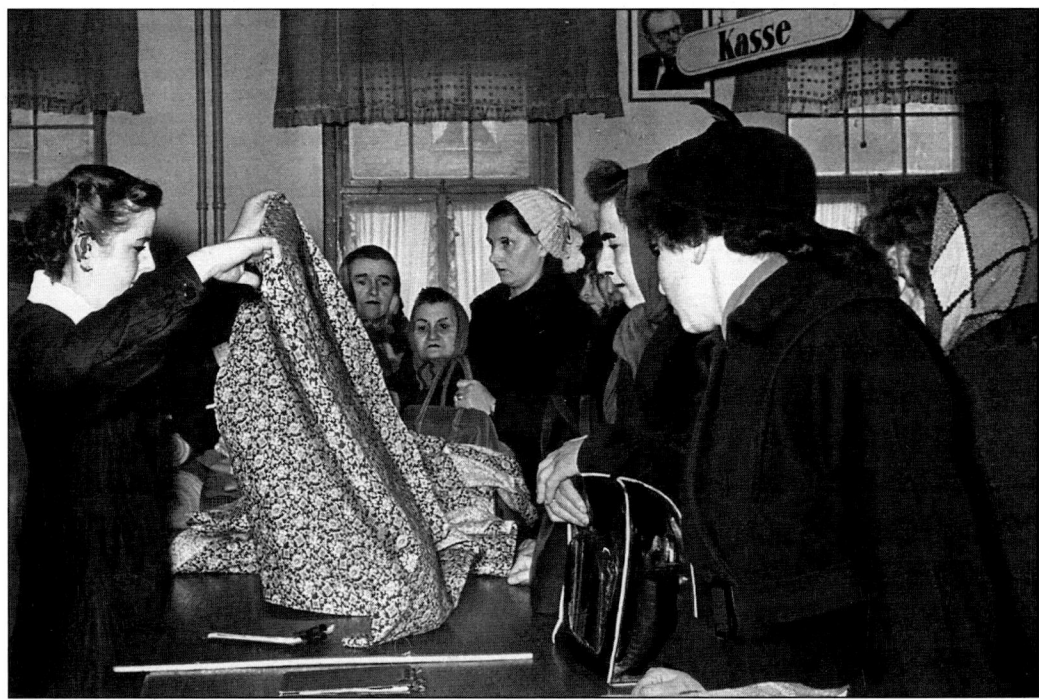

1952 wurde das erste HO-Kaufhaus in der Oberen Straße an die Bevölkerung übergeben. Hier konnte man markenfrei, allerdings anfangs zu stark überhöhten Preisen einkaufen.

Stoffverkauf im gleichen Geschäft. Da es kaum ein Angebot an konfektionierten Textilien gab, wurde noch sehr viel von den Frauen selbst geschneidert.

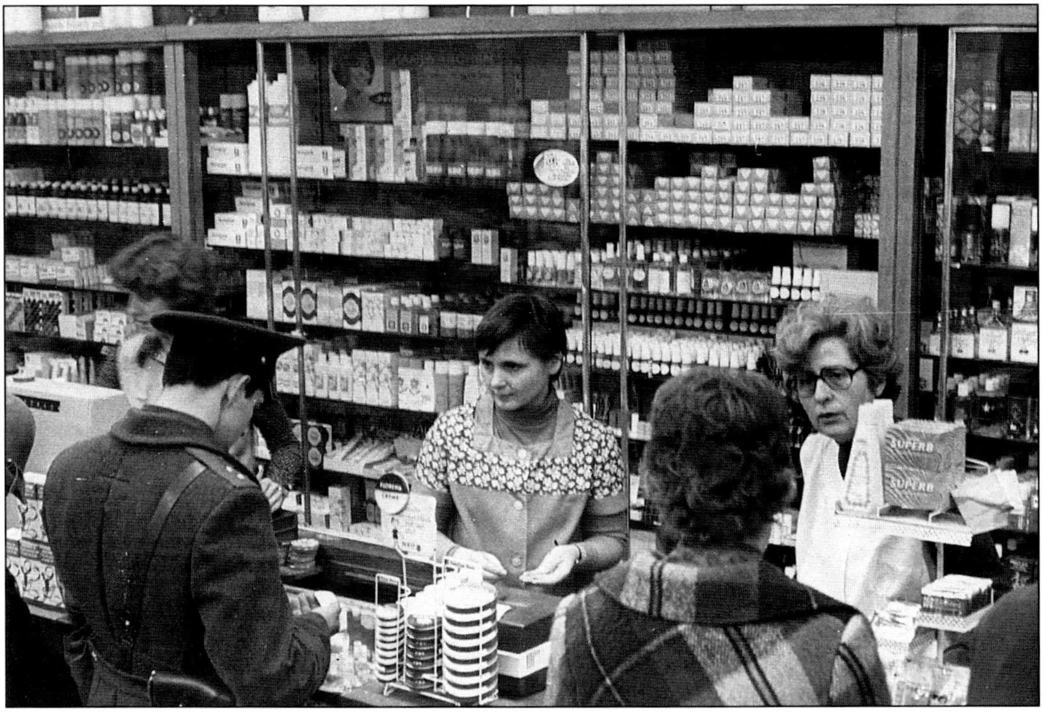

Im Lauf der Zeit wurde der Privathandel durch HO und Konsum immer mehr zurückgedrängt. Die Drogerie Roth befand sich noch bis 1972 in Privathand.

Die Freundschaft mit der Sowjetunion hilft uns, durch Handelsverträge unser Leben schneller zu verbessern

UDSSR

DDR

Auch die Schaufenster wurden zur politischen Agitation genutzt. Mehl und Zucker neben der roten Fahne und der Landkarte der UdSSR waren durchaus keine Seltenheit.

Mode ist zu allen Zeiten ein Bedürfnis gewesen. Die neuen Jugendmodeabteilungen, hier im HO-Kaufhaus in der Oberen Straße, hatten manchmal sogar Jeans im Angebot!

Das Reformhaus in der Brudergasse mit dem heiß begehrten Brot aus Kuhschnappel und den Pampelmusen für Diabetiker war fast ein Geheimtipp. Der Verkausstellenleiter, im Volksmund „Pumpernickel" genannt, mit seinen Mitarbeiterinnen beim Auspacken der Ware.

Der „Krautpalast", ebenfalls in der Brudergasse. Hier musste man immer Schlangestehen, um in der Weihnachtszeit Apfelsinen oder im Frühjahr Gurken bzw. Salat zu ergattern. Es sei denn, man war ein „guter Kunde" und bekam etwas „unter dem Ladentisch" hervorgezaubert.

Die Preise für Waren des Grundbedarfs waren teilweise sehr niedrig und größtenteils subventioniert. Anders war es mit so genannten Luxusgütern, z.B. mit einem Farb-TV – er kostete 5.000 Mark. Die Konsum-Verkaufsstelle für Rundfunk und Fernsehen in der Judengasse Nr. 2.

Zum Alltag gehörten auch die Kohlehaufen in der Stadt, wie hier Ecke Saalstraße / Markt, noch kurz nach der Wende. Heizmaterial war allerdings sehr billig: undichte Fenster oder fehlende Wärmedämmung stellten keinen Kostenfaktor dar.

Auch Schirmreparaturwerkstätten waren eine spezielle DDR-Rarität. In der Werkstatt Gaudig am Blankenburger Tor konnte man seinen „Knirps" reparieren bzw. für 20 Mark neu beziehen lassen. Und das tat man natürlich, denn ein Schirm war äußerst schwer zu bekommen (wenn man Beziehungen hatte, ließ man ihn sich aus dem Westen schicken) und kostete 40 bis 70 Mark.

Einkellerungskartoffeln wurden nach Bestellung an die Haushalte ausgefahren. In den Gemüsegeschäften verkaufte man Kartoffeln nur in Ausnahmefällen.

Ascheautos, die tatsächlich Blechtonnen voller Asche entleerten, gehörten zum Alltag. Besonders in der Altstadt war die Kohleheizung noch lange üblich. Aufnahme von 1970.

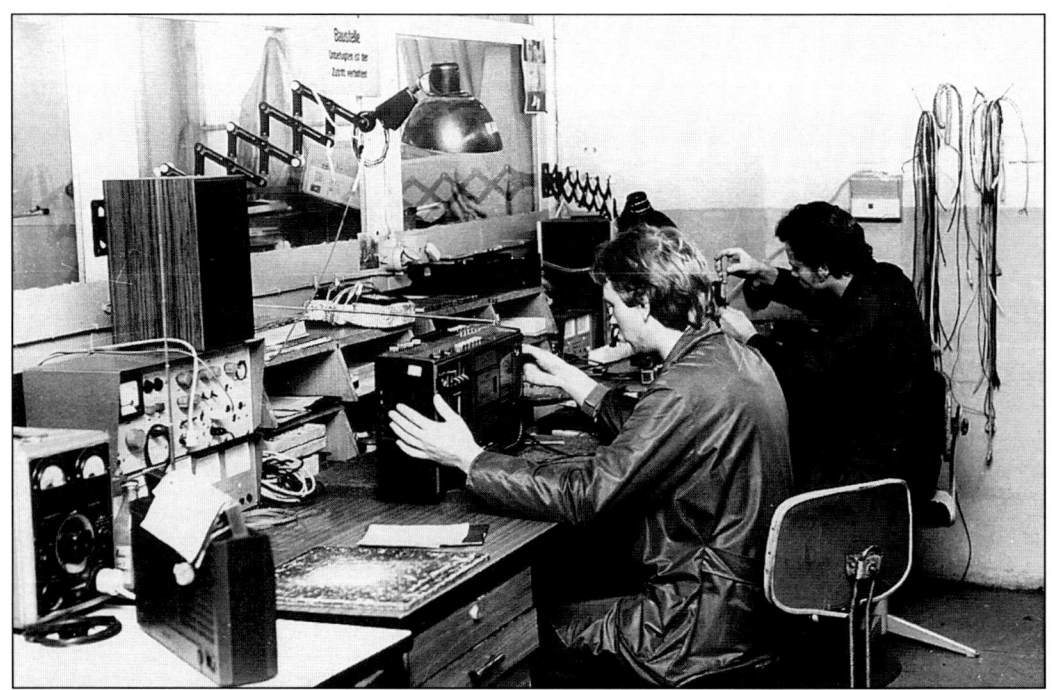

In der Mangelgesellschaft der DDR hatten natürlich Reparaturannahmestellen einen wichtigen Stellenwert. Es gab sie in der Rathenaustraße und in der Fleischgasse, letztere auch für Elektroschaltgeräte.

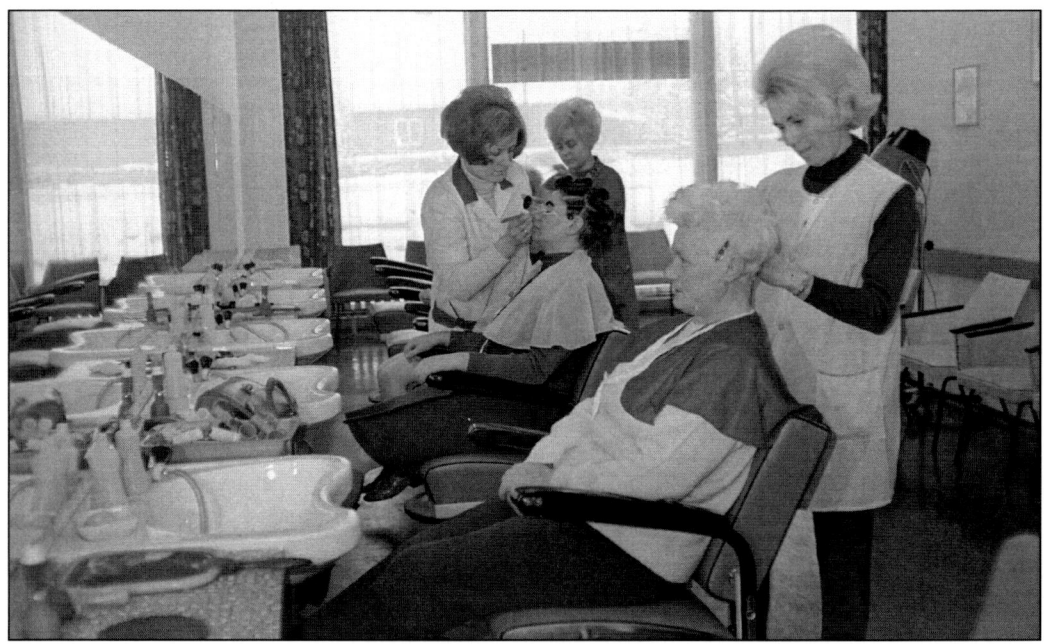

Die „Kollektivierung des Handwerks" führte auch in Saalfeld zu Produktionsgenossenschaften des Handwerks. 1959 wurden die PGH Frisöre und 1969 durch Zusammenschluss der PGH von Saalfeld, Unterwellenborn und Probstzella die PGH Chic gebildet. Auf dem Foto von 1969 ist die PGH Chic in Gorndorf zu sehen.

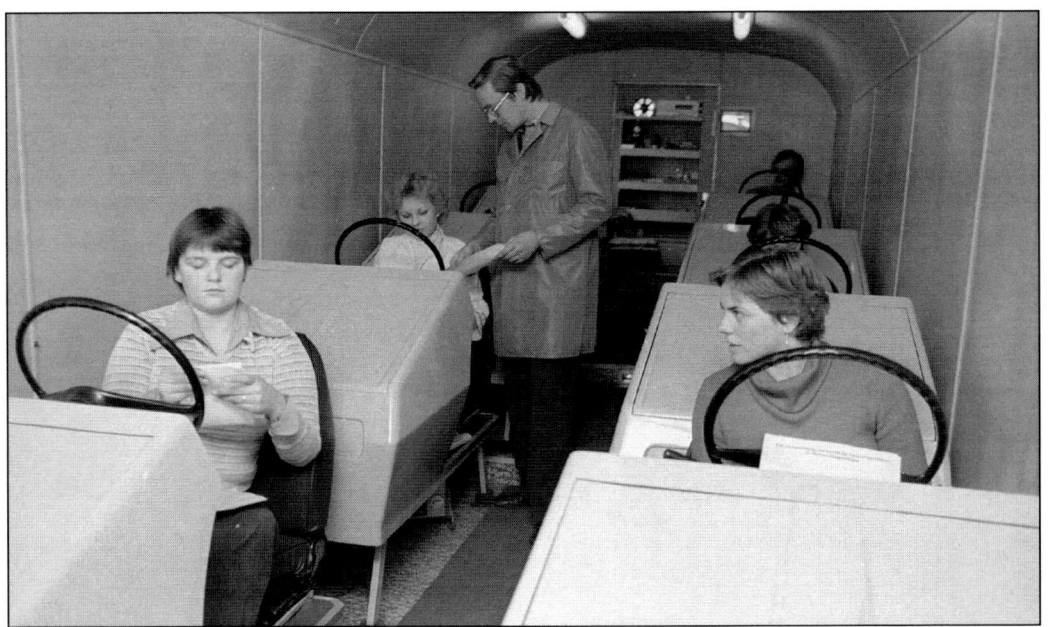

Gleich nach dem 18. Geburtstag bestellte sich der DDR-Bürger einen Trabi. Zirka zehn Jahre Wartezeit (!) konnte man zum Sparen der 12.000 Mark nutzen. Außerdem hatte man ausreichend Zeit, seine Fahrprüfung zu machen – auch da waren die Wartelisten lang, denn es gab in Saalfeld nur die Fahrschule Auf dem Graben. Das Üben auf einem Fahrtrainer gehörte zur Ausbildung. Aufnahme von 1979.

Bis Ende der 1970er-Jahre gab es in Saalfeld nur eine, nämlich die vollkommen veraltete Autohof-Tankstelle in der Sonneberger Straße. Das Problem wurde 1980 mit der Eröffnung der neuen Minol-Großtankstelle mit 17 Zapfsäulen in der Rudolstädter Straße gelöst.

Von 1953 bis 1961 entstand der Neubau des Agricola-Krankenhauses mit zwölf medizinischen Fachabteilungen und einer Belegungskapzität von 740 Betten. Die Fotomontage von 1963 zeigt u.a. Oberschwester Ilse.

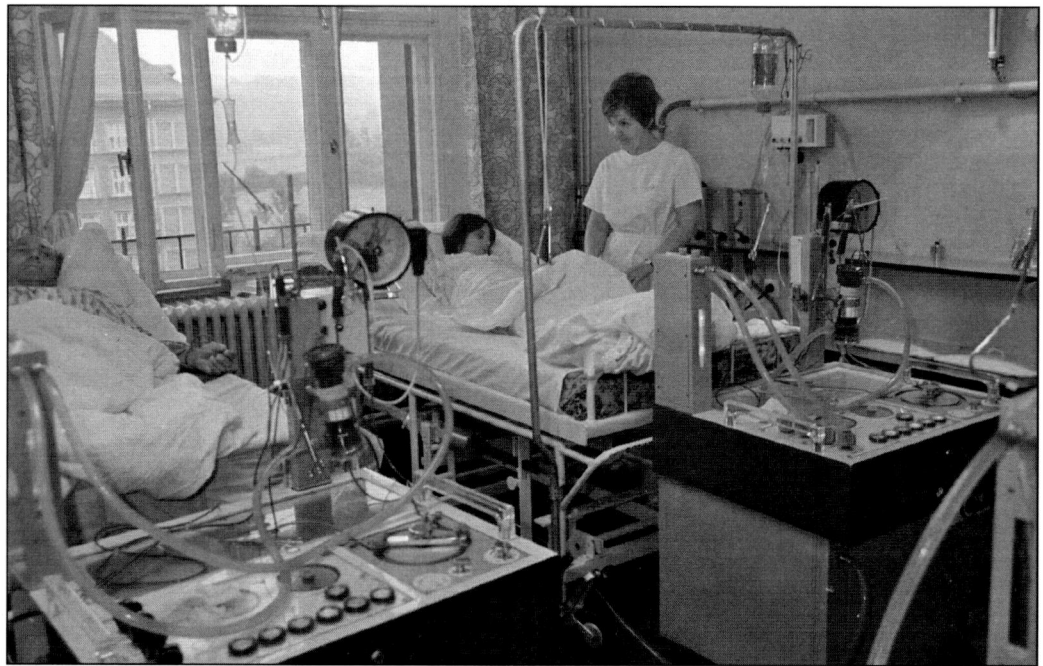

Im Agricola-Krankenhaus wurde 1969 das neu eingerichtete Dialysezentrum in Betrieb genommen. Die Aufstellung von vier „künstlichen Nieren" ermöglichte die Behandlung von jährlich 600 bis 800 Patienten aus den Bezirken Gera und Suhl.

Zu einer Produktionsgenossenschaft des Handwerks (PGH) schlossen sich auch die Glaser 1958 zusammen. Aufnahme von 1974.

Die Böttcherei Blochberger betrieb nebenbei noch eine kleine Obstmosterei im Gebäude hinter dem Hiltmann'schen Haus. Da es Obstsäfte kaum zu kaufen gab, hatte die Mosterei immer Hochbetrieb. Hier konnte das Obst aus dem eigenen Garten zu Säften verarbeitet werden.

Die Firma der Gebrüder Danke in Gorndorf stellte Konserven mit Gurken und Sauerkraut her. 1972 kam es zur letzten Verstaatlichungskampagne in der DDR. In dieser Zeit wurde auch die Firma der Gebrüder Danke KG, Konservenfabrik, in einen Volkseigenen Betrieb (VEB) überführt.

Die Druckerei Kurt Ost in der Rosmaringasse gehörte zu den wenigen Privatbetrieben in Saalfeld. Papiermangel und andere Engpässe in der Materialbeschaffung machten es der Firma nicht leicht, zu bestehen. Kurt Ost, der Inhaber der Firma, begutachtet ein soeben fertig gestelltes Plakat. Aufnahme von 1979.

Im April 1949 wurde die fünf Kilometer lange Wasserleitung für die Maxhütte eingeweiht. Das Jugendobjekt der FDJ stand unter der Losung „Max braucht Wasser". An der Aktion waren 220 Arbeiter und 2.367 freiwillige Helfer beteiligt. Das Foto zeigt Feierlichkeiten zum 25-jährigen Jubiläum 1974.

Die im September 1974 durchgeführte Rekonstruktion der Maxhütte Unterwellenborn wurde mit großem Aufwand begangen. Zu diesem Anlass war Paul Verner, Mitglied des Politbüros und Sekretär des Zentralkomitees der SED, zu Gast. Die Beschäftigten des Betriebes bekundeten mit Transparenten und Losungen „Dankbarkeit und Treue zum System".

Die erste Messe der Meister von Morgen (MMM) fand 1960 im Klubhaus der Jugend statt und zeigte Neuerungen von Schülern und Jugendlichen auf allen Gebieten der Naturwissenschaften und der Technik. Hielt der Neuerervorschlag der Prüfung stand und kostete wenig, hatte er eine Chance auf Umsetzung. Meist geriet er aber für unbestimmte Zeit in eine Warteschleife. Zu sehen ist die Eröffnung 1975.

1970 beteiligten sich viele Saalfelder Bürger mit freiwilligen Arbeitseinsätzen am Internationalen Subbotnik. Am Saalfelder Bahnhof wurde an den Gleisanlagen gearbeitet. Die so genannten Subbotniks waren organisierte, freiwillige Arbeitseinsätze in der Industrie und Landwirtschaft, mit denen versucht wurde, dem Arbeitskräftemangel zu begegnen.

6

Freizeit

1946 wurde die Ortsgruppe des „Kulturbundes zur demokratischen Erneuerung Deutschlands" im Saal des Hotels „Zum Roten Hirsch" gegründet. Viele Menschen nahmen an Interessengruppen, Arbeitsgemeinschaften und Zirkeln in Saalfeld teil. Die anfangs noch programmatische Überparteilichkeit des Kulturbundes scheiterte 1949 an der wachsenden kulturpolitischen Einflussnahme der SED. Die Staatlichen Betriebe (in Saalfeld Carl Zeiss, Reichsbahn, Maxhütte, Volkspolizei u.a.) übernahmen vor allem den Bereich der sportlichen Freizeitgestaltung. Die Kleingartenfreunde mussten sich im DDR-weiten Verband der Kleingärtner, Siedler und Kleintierzüchter organisieren. 1974 wurde der Kulturbund per Gesetz zum einzigen Forum für die Gründung von Hobbygruppen und Zirkeln bestimmt. Freien „Vereinen" oder Gruppen gelang es nur unter dem Schutz der Kirche, in organisierter Form zu wirken. Die Wertung der Kultur erfolgte staatlicherseits nach folgendem Schema: Die Kunst rangierte immer hinter dem Sport, aber stets vor den Kleingärtnern.

1980 fand zum ersten Mal der Kulmberglauf statt. Gestartet wurde auf dem Lok-Sportplatz „Rolf Henniger" an der Langenschader Straße.

Im „Haus der Volkskunst" (Loch-Gaststätte) wurde 1953 die Volksmusikschule Saalfeld eröffnet. Seit 1955 befand sie sich dann im Schlösschen Kitzerstein. Die Ausbildung geschah anfangs hauptsächlich an Volksmusikinstrumenten, später zunehmend an Streich-, Holz- und Blechblasinstrumenten. Aufnahme aus den Fünfzigerjahren.

Das Jugendsinfonieorchester unter Leitung von Rolf Schieferdecker gründete sich 1957. Das Orchester erhielt 1963 den Kunstpreis des Bezirkes Gera. Probe im Hans-Eisler-Saal der Musikschule.

Das Kreiskulturorchester Saalfeld mit 39 Mitgliedern bestand seit 1952, ab 1954 unter der Bezeichnung Staatliches Sinfonieorchester Saalfeld. Die Leitung übernahm Kapellmeister Franz Chlum (seit 1954 Musikdirektor). Die Aufnahme zeigt ein Konzert mit der bekannten Pianistin Annerose Schmidt im „Meininger Hof".

Klosterhofkonzerte haben in Saalfeld eine lange Tradition. Schon 1933 wurde die erste Klosterhof-Serenade, ein Chorkonzert, mit dem damaligen Städtischen Orchester und dem Cäcilienverein aufgeführt. Aufnahme von 1971.

Der im Nationalen Aufbauwerk (d.h. außerhalb der baulichen Bilanzen) wieder hergestellte und teilweise umgestaltete Schlossgarten wurde 1964 mit einem Fest der Öffentlichkeit übergeben. Größtes bauliches Unternehmen war in diesem Zusammenhang die Anlage eines Schwanenteiches.

In der Orangerie des Schlossgartens wurden häufig wechselnde Ausstellungen der Kleintier-züchter- und Kleingärtnerverbände durchgeführt. Die „kleine Agra" war eine Leistungsschau der LPG auf Kreisebene. Aufnahme von 1971.

Urlaub in der „Leinwandvilla" war der Traum und die bevorzugte Nische vieler DDR-Bürger. Eine Campingschau wie 1976 im Dürerpark ließ man sich keinesfalls entgehen.

Die Arbeitsgemeinschaft der Modelleisenbahner veranstaltete jährlich weit über die Grenzen der Stadt hinaus bekannte, gut besuchte Ausstellungen. „Meininger Hof", 1971.

Jugend und Musik gehört zusammen, das war auch im Sozialismus nicht anders. Daraus erwuchs DDR-Musikern eine echte Herausforderung. Die staatliche Vorschrift von 60 Prozent Ost- und 40 Prozent Westmusik musste allerdings eingehalten werden. Die Jugend nahm es an, wie auf dem Foto zu sehen ist. Hunderte Menschen fanden sich zum 1974 durchgeführten Musikexpress in Gorndorf ein.

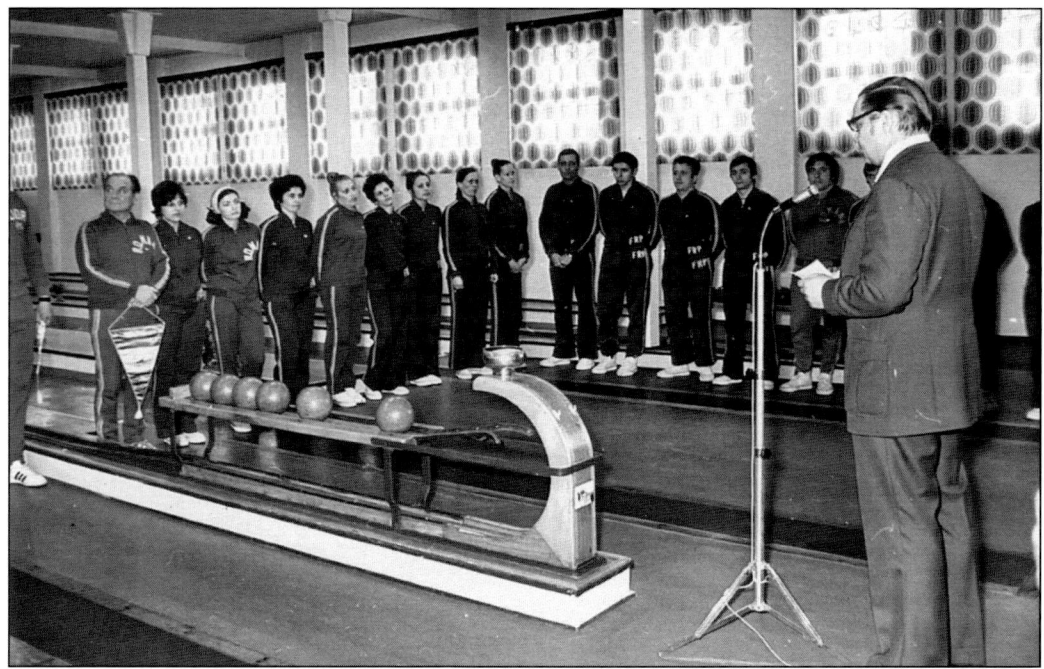

Der Motorsportklub Saalfeld im ADMV führte häufig Geländefahrten und Rennen auf der Motorcross-Strecke am Teufelsgraben in Gorndorf durch. Aufnahme von 1979.

1976 fand ein Länderkampf DDR-Rumänien im Keglerheim am Eckardtsanger statt. Die für Wettkämpfe ausgestattete, sechsbahnige Kegelanlage gehörte zu den modernsten Sportstätten dieser Art in Thüringen.

„Volksverbunden, parteilich, lebensecht und optimistisch" – so sollte sich die Kunstentwicklung in der DDR gestalten. Dem Begriff „sozialistischer Realismus", der Richtung aus den Fünfzigerjahren, geprägt durch die Sowjetunion, fühlte sich der Saalfelder Maler Herbert Strecha verbunden. 1909 in Dresden geboren, tätig als Graveur und Grafiker, Leiter eines Zirkels für künstlerisches Volksschaffen am Kulturpalast der Maxhütte, starb er 1981 in Saalfeld. Die Aufnahme entstand 1976 im Atelier des Künstlers.

Die Galerie der Maxhütte Unterwellenborn trug eine der wenigen geschlossenen Kunstsammlungen eines Großbetriebes zusammen und dokumentierte damit 40 Jahre ostdeutsche Kunstgeschichte. Von 1972 bis 1990 wurden insgesamt 120 Ausstellungen durchgeführt. Kunsthistoriker Dr. Edwin Kratschmer führt die Besucher durch die 50. Ausstellung der Kleinen Galerie, 1979.

Der Kulturpalast Unterwellenborn, 1955 eröffnet, besaß neben Theatersaal, Bühne und Gaststätte mehrere kleine Probe- und Zirkelräume. Die Ballettgruppe des Kulturpalastes, 1983.

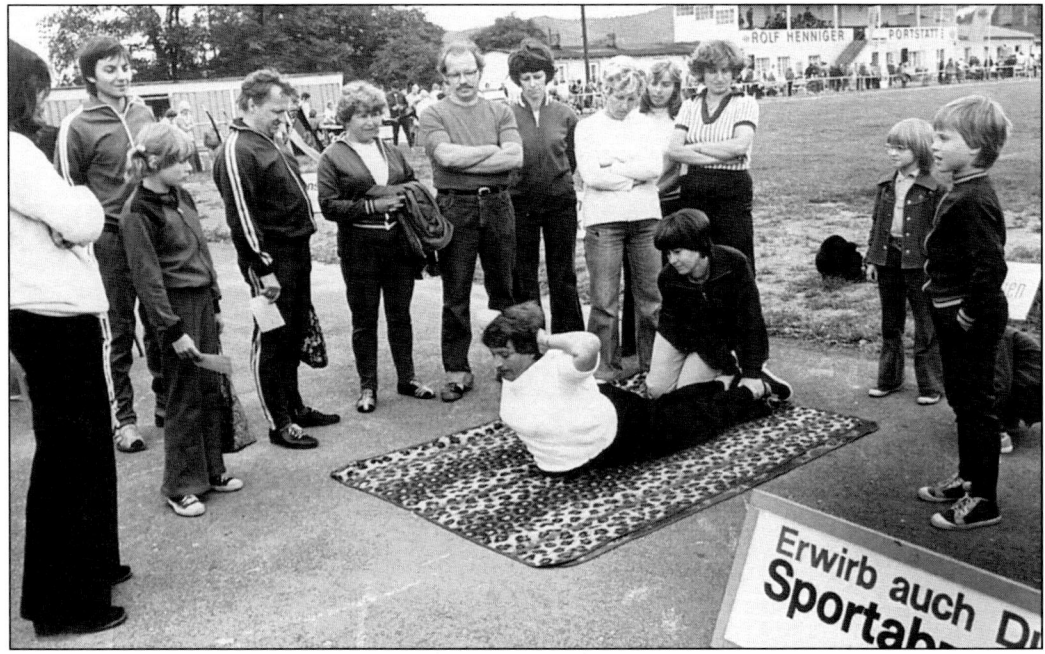

Im Sozialismus wurde der Sport in jeder Hinsicht gefördert. Jeder größere Betrieb hatte eine eigene Sportgemeinschaft. Die Beschäftigten wurden zu Sportwettkämpfen sogar freigestellt. Auf dem Sportplatz „Rolf Henniger" der Betriebssportgemeinschaft (BSG) Lok Saalfeld wurde in den 1970er-Jahren zum Erwerb des Sportabzeichens aufgerufen.

An den Schulen wurden regelmäßig Sportfeste durchgeführt und die besten Kinder ausge-wählt und zur Spartakiade geschickt. Die Kinder- und Jugendspartakiade 1973 stand unter dem Motto „Die Jugend der Welt grüßt Berlin" und fand zu Ehren der X. Weltfestspiele statt.

Der Betrieb Carl Zeiss Jena, Betriebsteil Saalfeld, hatte ebenfalls eine eigene Sportgemeinschaft. Dazu gehörte auch das Kinderturnen. Aufnahme von 1979.

Zu den ersten Bauvorhaben nach dem Krieg gehörte das Schwimmbad. Es wurde schon 1949 eingeweiht und erfreute sich bei Jung und Alt großer Beliebtheit. Zur Eröffnung gab es massensportliche Vorführungen, darunter ein Turmspringen und Wasserballspiele.

Die Feengrotten waren schon immer ein beliebtes Ausflugsziel. 1982 konnte der 13-Millionste Besucher, ein Volksarmist (!), seit der Eröffnung im Jahre 1914 begrüßt werden.

Für die touristische Werbung der Stadt sorgte seit 1975 vor allem das Büro der Saalfeld-Information, damals noch in der Oberen Straße.

1950 kam es zur Wiedereröffnung des während des Zweiten Weltkrieges geschlossenen Thüringer Heimatmuseums. Größere Ausstellungen konnten zunächst nur im 1953 eröffneten Festsaal der Münzkirche gezeigt werden. Ausstellung „10 Jahre Deutsche Demokratische Republik", 1959.

Im Heimatmuseum Saalfeld fand 1989 die erste Weihnachtsausstellung statt. Gezeigt wurde historisches Spielzeug und eine große Modelleisenbahnanlage. Diese Ausstellungen waren besonders bei den Kindern beliebt.

Jahrelange Restaurierungsarbeiten der Schlosskapelle im Nordflügel des Saalfelder Residenz-schlosses, einschließlich der Rekonstruktion der Orgel, wurden am 15. April 1989 endgültig abgeschlossen. Dieser einmalige Rokkokoraum wird für Konzerte und Festveranstaltungen genutzt.

Zu den Saalfelder Kulturfesttagen 1976 fanden neben vielen anderen Veranstaltungen Töp-fereivorführungen des Keramikers Dieter Kleinschmidt auf dem Markt statt. Der Stand war dicht umlagert. Keramikgefäße waren sehr begehrt und fast nur „unter dem Ladentisch" zu bekommen.

7

Kirchliches Leben

Das Verhältnis zwischen Staat und Kirche gestaltete sich im Sozialismus äußerst problematisch. Die „Zehn Gebote der sozialistischen Moral", standesamtliche Trauungen, sozialistische Namens- und Jugendweihe, am Ende dann der Grabredner sollten gewachsene kirchliche Traditionen ersetzen. Die Kirchen waren die einzigen gesellschaftlichen Organisationen, die nicht restlos in das System der SED-Diktatur integriert waren. Die Stadt Saalfeld hatte etwa 12.000 evangelische und 6.000 katholische Gemeindeglieder. Daneben gab es kleinere Religionsgemeinschaften. Wichtige Säulen des Gemeindelebens an der Johanneskirche waren z.B. die Kirchenmusik mit den Chören, die Friedensgebete, die Partnerschaften zu anderen Kirchgemeinden (BRD, Holland und Tschechoslowakei), die Schwesternstation am Hohen Ufer, Junge Gemeinde und die sehr aktiven Helferkreise. Die Kirche nahm ihre Verantwortung in der Gesellschaft wahr, sie bot Freiräume zum Diskutieren und Handeln und versuchte immer wieder, kritisch Einfluss zu nehmen.

Im Oktober 1980 wurde das Kantorat mit einem neuen Proberaum wieder eingeweiht. Nach dem 1979 wegen Einsturzgefahr baupolizeilich erzwungenen Abriss halfen die westdeutschen Kirchen mit Valutamitteln beim Wiederaufbau. Von nun an gab es für die Chöre an der Johanneskirche bessere Probebedingungen. „Begegnungen" vor dem Kantorat mit Superintendent Ludwig Große.

Anfang der 1970er-Jahre wurde der Altarraum der katholischen Kirche renoviert. Unter der künstlerischen Gesamtleitung von Rudolf Brückner-Fuhlrott wurden ein neuer Altar mit hängendem Altarkreuz, Tabernakelstele, Ambo und Marienstatue errichtet, das Fenster in der Apsis neu gestaltet. Den neuen Zelebrationsaltar weihte Prälat Karl Ebert aus Meiningen am 29. Oktober 1972.

Alljährlich fand die Fronleichnamsprozession der katholischen Kirche statt. Sie führte in kleinem Rahmen um die Kirche herum. Nur einmal – 1952 – wurde von staatlicher Seite die Genehmigung für eine etwas größere Prozession zum Sportplatz am Eckardtsanger erteilt, in deren Rahmen außerdem das Kiliansjubiläum gefeiert wurde. Zu Gast war Bischof Julius Döpfner aus Würzburg.

1981 feierte die katholische Gemeinde ihr 75-jähriges Kirchenjubiläum. Im gleichen Jahr konnte das neue Gemeindehaus übergeben werden. Gruppenbild aller ehemaligen Kapläne und Pfarrer, in der Mitte der amtierende Pfarrer Norbert Winter.

In der Katholischen Kirche erhalten alle Kinder im Alter von etwa 9 bis 10 Jahren ihre Erst-kommunion. Als Jugendliche empfangen sie dann das Sakrament der Firmung. Beide Feste werden feierlich begangen. Erstkommunion 1985.

Weihnachten 1986 wurde das traditionelle Krippenspiel in Graba im Gottesdienst von Christenlehrekindern und Jugendlichen aus der Jungen Gemeinde aufgeführt. Die Predigt hielt der damalige Pfarrer Eberhard Kaufmann.

Konfirmation und Jugendweihe lieferten sich zu DDR-Zeiten ein „heftiges Duell". Die Kirchen sahen in der Einführung der Jugendweihe einen sozialistischen Ersatzritus und reagierten schroff ablehnend. Konfirmation 1964 in Graba mit Pfarrer Helmut Seiffert. Zum ersten Mal trugen die Mädchen – statt der bisher üblichen schwarzen – helle Kleider.

Der Posaunenchor unter Leitung von Klaus-Peter Marquardt aus Graba feierte 1993 sein 10-jähriges Jubiläum mit einem Festgottesdienst in der Gertrudiskirche.

Grenzüberschreitende Gottesdienste im Sperrgebiet waren für die Menschen sehr wichtig, da sie nicht nur von den westlichen Nachbargemeinden, sondern auch innerhalb des DDR-Sicherheitsbereiches immer stärker isoliert wurden. Gottesdienst in Steinbach an der Heide, 1980. Vorn links sitzt Superintendent Ludwig Große, daneben Bischof Johannes Hanselmann (München) und Oberpfarrer Hans Joachim Schoeps (Lichtentanne).

Auch Nachbarschaftstreffen der Gemeinden wurden einmal jährlich im Sperrgebiet durchgeführt. Hier im Bild erklären Hans Joachim Schöps (42 Jahre Pfarrer im Sperrgebiet) und Superintendent Ludwig Große eine Karte mit Aktivitäten (Friedensgebete, Kinder- und Jugendarbeit, Kirchenmusik, Baumaßnahmen) der Superintendentur Saalfeld.

Die evangelische Kirchgemeinde pflegte enge Kontakte zu mehreren Partnergemeinden: Kutna Hora (Tschechoslowakei), Ludwigstadt, Bad Urach und Geislingen (BRD) und Hilversum (Holland). Die Partnergemeinde aus Kutna Hora war zu Gast in Saalfeld.

In den 1970er- und 80er-Jahren waren im Stadtgebiet noch drei bzw. vier evangelische Pfarrer tätig: Arnd Morgenroth, Heinz Heiling (i.R.), Hans-Georg Roth, Ludwig Große und Karl-Heinz Weber (v.l.n.r.).

Zur ökumenischen Tradition gehört der Martinstag mit dem bei den Kindern sehr beliebten Umzug von der Johanneskirche zur katholischen Kirche. Die Umzüge wurden allerdings erst in den späten 1980er-Jahren möglich, auch da nur unter erschwerten Bedingungen – Genehmigungen mussten eingeholt und Auflagen erfüllt werden. Katholische Kirche, 1978.

Die evangelische Kirchgemeinde in Saalfeld beschäftigte Steinmetze zur Restaurierung der Johanneskirche. Sie wurden mit eigenen Mitteln, aus Einnahmen von der „Offenen Kirche" bezahlt. Peter Ackermann bei der Arbeit.

1982 wurde die Johanneskirche mit Spendengeldern und finanzieller Unterstützung durch Landeskirche und Staat restauriert. Dabei konnte die „Himmelswiese" im Altarraum freigelegt werden. Während der gesamten Renovierungsarbeiten blieb die Kirche geöffnet. Nur durch die Mitarbeit eines Helferkreises, der sämtliche Reinigungsarbeiten übernahm, war das überhaupt möglich.

An der Johanneskirche wurde eine hervorragende kirchenmusikalische Arbeit geleistet. Neben dem Oratorienchor und dem Mädelchor wurde die Stadt besonders durch die Thüringer Sängerknaben bekannt, die sich mit jährlichen Konzertreisen durch die gesamte Republik einen guten Ruf erarbeiteten. Zu besonderen Anlässen schmückte man sich auch staatlicherseits gern mit den Chören – Auftritt zu den Arbeiterfestspielen 1964 auf dem Marktplatz.

Der spätere Kirchenmusikdirektor Walter Schönheit gründete die Chöre 1950 und leitete sie bis zu seinem Tod 1985. Er führte die traditionellen Mittwochs-Motetten in der Johanneskirche ein. Walter Schönheit trug wesentlich dazu bei, dass Saalfeld ein weit über die Grenzen der Stadt hinaus beachtetes Zentrum der Pflege und Verbreitung geistlicher Chormusik wurde.

Klaus-Peter Marquardt war von 1983 bis 1993 als zweiter Kantor an der Johanneskirche angestellt. Probe mit dem Mädelchor im neuen Kantorat am Kirchplatz.

Die Thüringer Sängerknaben beim Konzert. Auf den Notenmappen ist zu lesen: „Soli Deo Gloria" – „Gott allein die Ehre".

1983 wurde das Lutherjubiläum in der Saalfelder Johanneskirche gefeiert. Eine Festwoche mit vielen Angeboten schloss sich an. Der „Markt der Möglichkeiten" sollte auf dem Kirchplatz stattfinden, wurde aber kurzfristig verboten. Daraufhin verlegte man alle Aktivitäten in die Kirche. Trotzdem kamen 2.000 Menschen aus Saalfeld und Umgebung!

Der Gesprächskreis Junger Erwachsener unter der Leitung von Ludwig Große fand 1976 zusammen. Neben der Bibelarbeit waren die zeitgeschichtlich-gesellschaftskritischen Diskussionen im Freiraum der Kirche ein wesentlicher Schwerpunkt der Zusammenkünfte der Gruppe. Häufig verbrachte man auch die Freizeit gemeinsam. Aufnahme vom Anfang der 1980er-Jahre.

Eine weitere wichtige Säule der kirchlichen Arbeit war die Arbeit der Gemeindeschwestern Am Hohen Ufer. Neben der Betreuung hilfebedürftiger Menschen, boten sie auch Rückzugsmöglichkeiten für Menschen in Not an. Diakonieschwester Gerda Netzel im Gespräch mit Kindern, um 1960.

In den 1970er und -80er Jahren betrieb die Kirche eine „offene Jugendarbeit" und wandte sich auch an Jugendliche ohne kirchliche Bindung. Die „offene Wohnung" in der Niederen Köditzgasse 2 war eine dieser Anlaufstellen. Hier fanden von 1977 bis 1984 Gesprächskreise statt, man befasste sich mit Fragen der Friedenssicherung und/oder der Umweltbedrohung, dachte über Möglichkeiten individuell gestalteter, nicht reglementierter Lebensformen nach. Natürlich war dieser Jugendtreff ein Dorn im Auge der Stasi, die dann durch Brandstiftung dem „Treiben" ein Ende setzen wollte. Das Haus nach dem Dachstuhlbrand im Jahre 1984.

In der Friedenswerkstatt Graba traf sich regelmäßig die Junge Gemeinde. Hier wurde ebenfalls die „offene Jugendarbeit" mitgetragen. Jugendgemäße Themenstellungen, freie Diskussionen und neue Veranstaltungsformen (Jugendsonntage, Bluesmessen etc.) übten auf viele Jugendliche große Attraktion aus. Nach einem Jugendgottesdienst in der Gertrudiskirche.

Am 31. März 1985 trafen etwa 500 Jugendliche aus Saalfeld und Umgebung in der Kirche Graba zusammen. Unter dem Thema „Mein Blues für dein Leben" sollte im Rahmen eines Rockkonzertes Informationen über die Arbeit von „Brot für die Welt" gegeben und ein Opfer zu Gunsten der Hungernden in Afrika gesammelt werden.

Die Staatssicherheit versuchte, diesen Gottesdienst zu verhindern, indem sie Jugendliche aus Jena, die sie für die eingeladenen Rock-Musiker hielt, aus dem Zug nach Saalfeld holen ließ. Diese spektakuläre Aktion kostete den Vorsitzenden des Rates des Kreises seinen Posten. Er wurde in das Pumpspeicherwerk Hohenwarte versetzt. Die wirkliche Band war nämlich mit dem Auto in Graba angekommen und längst spielbereit. Superintendent Ludwig Große hielt während dieses Gottesdienstes eine couragierte, zündende Rede. Eine anschließende Sammlung in großen Pappkartons für „Brot für die Welt" erbrachte 6.500 Mark.

Am 19. September 1987 fand in der Johanneskirche das traditionelle Friedensgebet statt. Im Anschluss an den Gottesdienst versammelten sich die Menschen zum Olof-Palme-Friedensmarsch und schlossen sich damit der machtvollen Friedensbewegung an, in der sich Millionen Pazifisten zu Beginn der Achtzigerjahre gegen die Stationierung amerikanischer und sowjetischer Mittelstreckenraketen in Europa vereinigten.

„Frieden schaffen ohne Waffen" war der Wahlspruch der jungen Christen zum Olof-Palme-Friedensmarsch. Die ostdeutschen Staatsorgane reagierten mit Verhaftungen und Abschiebungen. Auch die Saalfelder Demonstranten wurden durch die Staatssicherheit überwacht. Mutig führten sie dennoch ihre Demonstration mit selbstgestalteten Plakaten durch.

8

Die Wende

Die Ereignisse des Herbstes 1989 sind vielen noch vor Augen und in Erinnerung. Tausende Saalfelder versammelten sich unter dem Schutz der Kirchen zu Friedensgebeten, fanden sich später mutig, trotz Beobachtung durch die Stasi, auf dem Marktplatz oder im „Meininger Hof" ein, um für elementare Bürgerrechte zu demonstrieren. Es zeigte sich jedoch, dass der Wunsch nach Selbstbestimmung mit dem Ende der Bevormundung durch den SED-Staat nicht erschöpft war, sondern für die Mehrheit der Bevölkerung durchaus auch „handfestere" Ziele einschloss: Konsum und Wohlstand, wie sie die Bundesrepublik bot. Damit zerschlug sich die Hoffnung auf einen eigenständigen, dritten Weg. Obwohl Bürgermeister Manfred Schildbach in seiner Festansprache zum Tag der Deutschen Einheit am 3. Oktober 1990 noch fest daran glaubte, dass etwas völlig Neues entstehen könne. Die Realität zog einen radikalen Schlussstrich unter 40 Jahre DDR. Aus „Wir sind das Volk" wurde „Wir sind ein Volk".

Am 27. Oktober 1989 zogen nach einem Fürbittgottesdienst in der Saalfelder Johanneskirche rund 8.000 Teilnehmer erstmals durch die Innenstadt. Zum ersten Mal ertönte auch in Saalfeld der Ruf „Wir sind das Volk".

Auf dem Markt wurden Forderungen u.a. nach wirksamem Umweltschutz, Reisefreiheit, mehr Offenheit in den Medien und nach Zulassung weiterer Handwerksbetriebe laut.

Bürgermeister, Vorsitzende des Rates des Kreises sowie Mitglieder des Sekretariats der SED-Kreisleitung und der Blockparteien wurden mit Fragen und Forderungen der Demonstranten konfrontiert. Auf dem Podium stellte sich u.a. Hermann Schulz, 1. Sekretär der SED-Kreislei-tung, der Diskussion.

Die zweite Kundgebung in der Saalfelder Innenstadt mit einem anschließenden Redemarathon zog am 10. November 1989 erneut tausende Bürger auf den Marktplatz. Aufgerufen dazu hatte das Neue Forum Saalfeld. Kristian Körting, Neues Forum, forderte u.a. „Beteiligung aller Bürger an den Veränderungen" und „freie demokratische Wahlen".

Unter dem Motto „Für Frieden, Demokratie und soziale Gerechtigkeit, ohne Gewalt" gingen am 8. Dezember 1989 wieder tausende Menschen auf die Saalfelder Straßen. Zum anschließenden Streitgespräch im „Meininger Hof" lud erneut das Neue Forum ein. Der Vorbeimarsch am verdunkelten Gebäude des Volkspolizeikreisamtes am Promenadenweg ist im Bild zu sehen.

Im überfüllten Saal des „Meininger Hofes" konfrontierten die zum Teil sehr aufgebrachten Saalfelder die Vertreter von staatlichen Institutionen und Behörden, wie Staatsanwaltschaft, Volkspolizei und auch Staatssicherheit mit zahlreichen anklagenden Fragen. Gleichzeitig wurde von ihnen ein Schuldeingeständnis für die Vergangenheit gefordert. Greifbares Ergebnis der Veranstaltung war die Gründung eines „Runden Tisches" für den Kreis Saalfeld.

Vier Tage nach dem Fall der Mauer in Berlin öffnete sich auch in Probstzella der Eiserne Vorhang. Sowohl mit dem Auto als auch zu Fuß nutzten die DDR-Bürger ab 13. November 1989 die Möglichkeit, den Westen zu besuchen.

Der Grenzübergang musste schon bald nach dem ersten Ansturm wieder gesperrt und baulich in Stand gesetzt werden. Viele Bürger nutzen auch die Bahnverbindungen. Die Züge waren hoffnungslos überlastet. Auf dem Bahnhof in Ludwigstadt – der Zug kommt aus Richtung Probstzella.

Auch in Saalfeld nahmen die Demonstrationen nach den Friedensgebeten in der überfüllten Johanneskirche ihren Ausgang. Am 6. Januar 1990 fand während des Dankeschön-Festes für die Bürger aus der BRD ein Gottesdienst in der Kirche statt.

Schon in Probstzella wurden die Landsleute herzlich begrüßt und mit Thüringer Bratwurst, Kaffee und Kuchen bewirtet.

Mit einem großen Fest auf dem Saalfelder Marktplatz bedanken sich die Saalfelder für die Gastfreundschaft der Bayern nach dem Fall der Mauer. Das Fest wurde von zahlreichen Saalfeldern organisiert und mitgestaltet. Nachdenkliches Schmunzeln verursacht dieses Transparent.

Das Fest war zugleich die erste große Veranstaltung, mit der die bereits im September 1988 besiegelte Städtepartnerschaft Saalfeld – Kulmbach über die offizielle Ebene hinaus zum Leben erweckt wurde.

Im Januar 1990 stellte die Tageszeitung „Volkswacht" als Presseorgan der SED ihr Erscheinen ein. An ihre Stelle trat die in einem eigenen Verlag herausgegebene unabhängige Tageszeitung „Ostthüringer Nachrichten" mit einem Lokal- teil für den Kreis Saalfeld. Ab Februar erschien außerdem der „Saale-Spiegel" als Wochenzeitung.

In der Oberen Straße wurde ein Bauzaun von vielen Saalfeldern als Wandzeitung genutzt, um endlich frei ihre Meinung äußern zu können. Die Wand war immer dicht umlagert.

Der Runde Tisch wurde im Dezember 1989 auf Landkreisebene gebildet. Er verstand sich als Gesprächsforum der verschiedensten Parteien und Gruppierungen. Auf dem Foto sind Vertreter des Runden Tisches zu sehen: der evangelische Pfarrer Peter Zimmermann (rechts) und der katholische Pfarrer Norbert Winter (links).

Zum Schuljahresbeginn 1990 wurde in den Schulen aufgeräumt. Kiloweise landeten ideologische Altlasten (Propagandamaterial und Schriften) auf dem Müll. Auch in der Schule in der Richterstraße trennte man sich im September davon.

Am 13. Juli 1990 forderte die Gruppe „Gewaltlos leben" um den Pfarrer Jo Winter am Saalfelder Wehrkreiskommando ein „Aufgeben der Armeen". Während der zweitägigen Demonstration im Rainweg diskutierten die Jugendlichen mit dem Leiter des Wehrkreiskommandos.

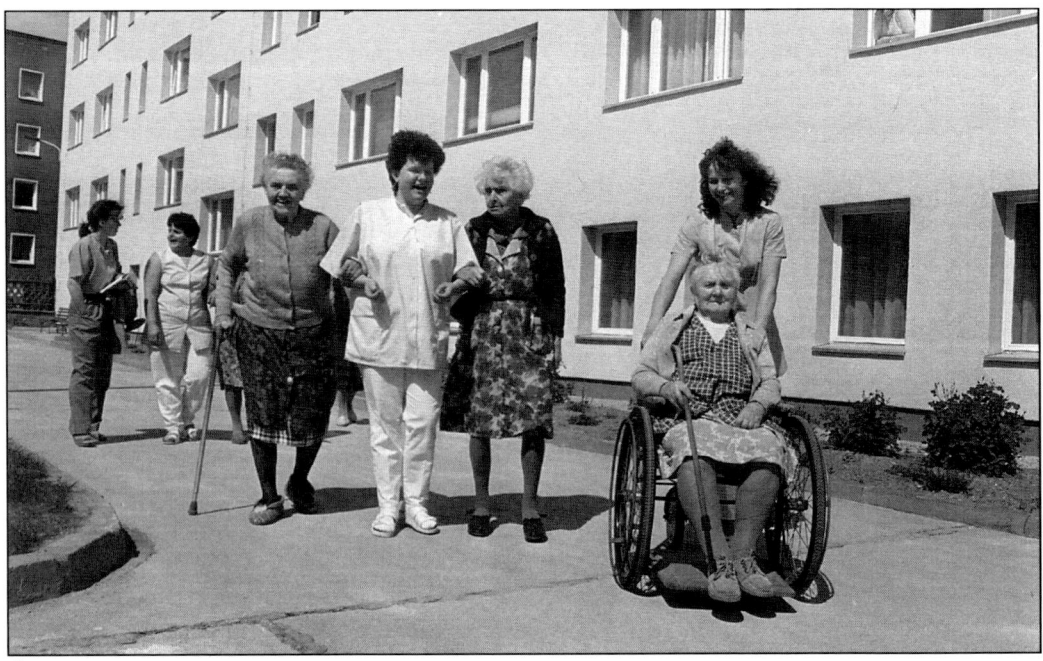

Über ein Jahr lang wurde das ehemalige Dienstgebäude der Kreisstelle des Ministeriums für Staatsicherheit am Rainweg saniert, ehe Mitte Juni 1991 die offizielle Schlüsselübergabe an den Betreiber des Feierabend- und Pflegeheimes der Arbeiterwohlfahrt Saalfeld stattfinden konnte.

Am 18. März 1990 fanden in der DDR die ersten freien Wahlen zur Volkskammer statt, die auch in Saalfeld eine hohe Beteiligung erfuhren. In den Wahllokalen mussten die Wahlvorstände oft improvisieren. Viele Bürger nahmen nach Schließung der Wahllokale an der öffentlichen Auszählung der Stimmen teil.

Anfang 1990 griff die Lebensmittel-Kette Edeka in Saalfeld der bevorstehenden Währungs-
reform vor: In einem ehemaligen HO-Lebensmittelgeschäft in der Blankenburger Straße
wurde der erste Discounter eröffnet. Ungefähr 1.000 Artikel wurden auf knapp 120 Quadrat-
metern angeboten.

Problemlos verlief in Saalfeld die Währungsumstellung am 30. Juni 1990. Noch vor der Wie-
dervereinigung hielten die Menschen „Westgeld" in den Händen.

Ironie des Schicksals: Am längsten musste man mit zirka 45 Minuten an der Ex-SED-Kreislei-
tung auf das Geld warten.

Die Arbeiter des Saalfelder Zeiss-Werkes riefen am 15. Januar 1990 zu einem befristeten
Warnstreik auf. Mehrere 100 Zeissianer marschierten auf den Markt und wollten mit einem
Vertreter des FDGB-Kreisvorstandes sprechen. Sie forderten u.a., die Überbrückungsgelder
abzuschaffen und dem Betriebsdirektor die Vertrauensfrage zu stellen.

Ebenfalls am 15. Januar 1991 verließen die ersten sowjetischen Soldaten die Garnison Saalfeld-Beulwitz. Erst Monate später war der Abzug der Soldaten auch in Saalfeld beendet.

Der Tag der Deutschen Einheit wurde in Saalfeld am 3. Oktober 1990 im Thüringer Heimatmuseum gefeiert. Neben den Vertretern des Kreises und der Stadt Saalfeld nahmen daran auch die Bürgermeister der Partnerstädte Sokolov und Kulmbach sowie der Kommandeur der Saalfelder Garnison teil. Bürgermeister Manfred Schildbach äußerte in seiner Festansprache, dass er an die Entstehung von etwas völlig Neuem glaube.

Die Heimat entdecken!

Von Kiel bis Wien,
von Aachen bis Görlitz:
Entdecken Sie Alltagsgeschichten
aus Ihrer Heimatstadt!

Leben in der Großstadt …

Tauchen Sie ein in das quirlige Großstadtleben vergangener Tage. Spazieren Sie über breite Boulevards und stürzen Sie sich ins Nachtleben. Erkunden Sie ihre Stadt durch die Fensterscheiben einer Straßenbahn oder des ersten Käfers und bewundern Sie prächtig geschmückte Schaufenster.

... und ländliche Idylle

Wie sah das Leben in Ihrer Heimat aus, als die Bauern noch mit Pferden pflügten und jedes Dorf seinen eigenen Schmied hatte, jeder noch jeden kannte und das Leben sich zwischen Kirche, Wirtshaus und Wohnküche abspielte?

Erinnerungen an die Schulzeit …

Erinnern Sie sich noch an die Zeiten von Abakus und Schiefertafel, an Klassenausflüge oder den ersten Taschenrechner? Blicken Sie zurück auf große Klassen und gestrenge Schulmeister, entdecken Sie auf Klassenfotos Freunde und Bekannte von früher!

... und das Arbeitsleben

Entdecken Sie, wie sich das Arbeitsleben in den letzten hundert Jahren verändert hat. Werfen Sie einen Blick in Fabrikhallen, blicken Sie Handwerksmeistern bei ihrer Arbeit über die Schulter und erinnern Sie sich an den Einkauf im Tante-Emma-Laden.

Gesellige Stunden im Verein …

Fußballclub und Schützenverein, Musikkapelle und Gesellenverein: Schauen Sie zurück auf Volksfeste und Turniere, Chorproben oder Prunksitzungen. Erinnern Sie sich an schöne Stunden und das gesellschaftliche Leben in Ihrer Heimat.

... und im Familienkreis

Werfen Sie einen Blick in die Wohnzimmer vergangener Tage und entdecken Sie, wie sich zwischen schweren Eichenmöbeln, Nierentischen und Ikea-Regalen der Alltag verändert hat. Erleben Sie Familienfeiern und Weihnachtsfeste im Wandel der Jahrzehnte mit.

www.suttonverlag.de

Alltagsgeschichte in historischen Fotos zu über 1000 Regionen, Städten und Gemeinden

Bestellen Sie jetzt
Ihr persönliches Exemplar auf

www.suttonverlag.de